함석헌의 평화론

함석헌의 평화론

협화주의적 평화인문학

김대식 지음

동연
모시는사람들

평화 담론의 대중적 확산을 기대하며

서울대학교 통일평화연구원에서는 한국연구재단 HK(인문한국) 사업의 일환으로 한반도발 평화인문학을 정립하는 연구를 하고 있습니다. 인류의 희망이라 해도 과언이 아닐 평화에 대해 다양한 분야의 연구자들이 함께 학제적이고 융합적으로 연구함으로써, 평화를 새로운 문명의 중심축으로 삼는 작업입니다.

특히 남·북간에 서로를 겁박하고 전쟁 위협에 시달리면서도 통일과 평화를 지향하는 모순이 공존하는 한반도는 세계가 공감할 만한 평화론을 다질 수 있는 최적의 실험실입니다. 한반도는 동양의 깊은 정신문화와 서양의 기술문명 및 근대적 세계관이 만나고 있는 공간이라는 점에서 더욱 그렇습니다. 이러한 한반도적 상황에서 세상이 왜 폭력으로 점철되고 있는지 그 조건과 원인을 분석하고, 갈등을 줄여 평화로 나아가는 길에 대해 상상하며, 평화를 문화적 차원으로까지 심화시키는 작업은 너무나 절실하고 의미 있는 과제가 아닐 수 없습니다.

이러한 문제의식을 가지고 다양한 차원에서 더 많은 이가 공감할 수 있을 따뜻한 메시지를 담은 연작 책 『평화교실』을 순차적으로 출판하고자 합니다. 왜 폭력적인 상황이 지속되는지, 평화란 무엇이고, 평화 연구와 실천은 어떻게 해야 하는지, 학문적 깊이와 대중적 공감을 조화시켜서, 더 많은 이들과 평화 생각과 평화 감성을 나누고자 합니다. 평화에 대해 상상하는 이들이 많아질수록 평화는 좀더 구체적인 모습을 드러낼 수 있기 때문입니다.

평화로운 문명을 건설하려는 시도보다 더 절실하고 심원하며 장기적인 과제가 또 있을까요. 『평화교실』이 평화에 인간의 얼굴을 입히고, 우리 사회를 평화로운 삶으로까지 이어주는 작은 징검다리가 되었으면 좋겠습니다. "평화를 원한다면 평화를 준비하라(Si vis pacem, para pacem)."는 평화학의 슬로건을 되새겨야 할 때입니다.

서울대학교 통일평화연구원장 임경훈

"나는 내 책을 다른 사람들에게 설명해 주기에 앞서 다른 사람들이 나에게 그것을 설명해 주기를 기대한다. 먼저 설명하려고 하는 것, 그것이 곧 그 책의 뜻을 구속하는 것이다. 왜냐하면 우리는 자기가 무엇을 말하고 싶어 했는가를 알고 있다 해도, 과연 자기가 그것만을 말했는지 어떤지는 알 수 없기 때문이다-사람은 항상 그 이상의 것을 말하는 것이다-그리고 더욱이 나에게 흥미 있는 것이란 내가 알지 못하고서 이 책 속에 집어넣은 바로 그것들이다-이 무의식의 부분을 나는 하나님의 몫이라고 부르고 싶다-저작(著作)은 항상 하나의 협작(協作)이다. 그리고 필경(筆耕)의 부분이 적으면 적을수록, 하나님의 접대가 크면 클수록 저작의 가치는 그만큼 더 큰 것이다-만물의 계시를 도처에서 기대하자. 대중에게서 우리들의 제작의 계시를 기대하자" - 앙드레 지드의 〈빨뤼드〉에서

평화는 지구상의 존재자라면 마땅히 추구해야 할 매우 중요한 가치이다. 그러나 평화를 말하는 것이 누구에게는 평화가 아닌

반평화나 비평화가 될 수도 있다. 평화라는 말 자체가 좋은 말이기는 하지만, 실천의 장이 서로 다른 곳에서는 평화란 한갓 이름에 지나지 않는다. 사실 평화를 운운하는 사람과 단체 중에서도 반평화적 방법과 수단을 사용하는 경우가 왕왕 있으니, 평화를 표방하는 것과 실제로 평화를 추구하는 것은 별개라고 봐야 할 것이다.

필자는 함석헌의 평화론을 쓰면서 과연 내가 평화를 말할 자격이 있는가, 라는 반성에서부터 출발을 했다. 늘 그렇듯이 학문을 하고 타자에게 어떤 이론과 이상을 발언하면서 자기 수양이 안 된 경우, 그의 말은 유명무실해지는 경우가 허다하다. 그래서 평화론을 쓰면서 이와 같은 자기 성찰, 나 자신의 평화 실천 정도를 점검하는 시간이 많아졌다.

"글쓰기는 앎과 무지를 가르고 또한 앎과 무지가 서로 꼬리를 물면서 이어지는 그 극단의 지점에서만 시작된다." 프랑스 철학자 들뢰즈(G. Deleuze)의 말이다. '무엇을 안다'와 '아무것도 모른다' 사이의 긴장 속에서 글은 쓰여진다. 아는 것은 아는 것대로 자양분 삼고, 모르는 것은 아는 것을 발판삼아 새롭게 알아가기 위한 노력으로서, 또 자신의 한계를 넘어서기 위한 몸부림으로 사유를 밀고 나간다. 평화를 알아서 쓰기 시작한 것은 아니다.

그렇다고 평화를 모르고서야 어찌 글을 계속 쓰겠는가? 필자가 유념한 것은 무관심한 태도다. 결국 평화를 알고 나서 이 글을 쓴 것이 아니다. 그보다는 제대로 평화를 알기 위해서 이 글을 쓴 것이다. 글쓰기는 현실과 이상의 부딪힘 끝에서 일어나는 행위이다. 이상의 가치를 현실로 내려오게 해서 반드시 이상의 현실화를 꾀해야 한다고 주장했던 필자이지만, 정작 평화라는 가치 앞에서는 많은 것들을 내려놓아야만 된다는 것을 새삼스럽게 느꼈다.

함석헌의 평화론이 비폭력에서 시작한다는 것은 상식으로 통한다. 하지만 그 비폭력은 다시 폭력의 포기로 풀어내지 않으면 안 된다. 고착화된 언어로 인간의 세계와 사태, 그리고 타자를 대한다면 그것도 폭력이 될 수가 있다. 자기의 프레임을 고집하면서 그것이 절대적이고 전부라고 강요한다면 그 또한 타자를 짓누르는 폭력이 된다. 역사는 개체의 역사와 공동체의 역사가 함께 서술되어야지 어느 일방의 역사로 전체를 포괄하려 한다면 그것이 바로 폭력이 된다. 그 폭력은 반드시 생겨난 곳으로 되돌아온다. 환경문제만 하더라도 어쩌면 이제 더 이상 인간의 노력으로 개선될 수 없는 오염과 파괴에 극점을 넘어섰다. 자연에 대한 인간의 폭력은 고스란히 폭력으로 되돌아온다. 폭력을 포기하지 않으면 그보다 더한 폭력을 부르게 된다.

이 글이 또 하나의 지배 언어와 담론이 되지 않기를 바란다. 지배자와 피지배자, 담론 생산자와 소비자의 관계는 애초에 평화의 관계가 아니다. 평화는 수직적이지 않고 수평적이어야 한다. 통시적이지 않고 공시적이어야 한다. 항상 거기 그때와 지금 여기에서의 자아와 타자와의 관계를 조율하고 배려하면서, 동등한 맥락과 생명의 장에서 어떤 삶을 추구하는 것이 가장 이상적인가를 끊임없이 물어야 한다. 동일한 시간성 속에서 주어진 자아와 타자와의 관계는 동일한 생명체적 관계이면서 상보적인 관계, 혹은 크로포트킨(Peter Kropotkin)이 말한 상호부조(mutual aid; 相互扶助)의 관계임을 잊지 말아야 한다. 상호성과 상존성을 망각하는 순간, 타자는 동일한 생명의 맥락 안에 있는 존재자가 아니라 경쟁자요 적이 된다. 그렇게 되면 결국 평화가 아닌 폭력과 테러, 살육과 전쟁 등으로 이어진다.

상호성과 상존성은 주체로서의 자기 자신의 이익만이 아니라 타자의 이익도 중요하다는 데서부터 보장된다. 주체로서의 자기 자신의 이익과 관심으로만 내달린 역사가 폭력과 파괴로 점철되어 왔다. 인식이 달라져야 한다. 진정한 평화는 타자를 확인하고 인정하는 데서 시작된다. 타자의 욕망은 그 질량이 내 욕망과 동일하다는 것을 알고, 상존적, 상부적(相扶的)으로 접근하면서 의사소통하고 갈등을 해결해나가야 한다. 종래의 언어의 탈언어화를 주장하는 이유이기도 하다. 함석헌에게서 나타나는 말법은 강요나 강제의 뉘앙스가 아니라 설득의 수사학이다. 과거의 언어를 털고 새로운 언어로 종횡무진 사유의 세계를 누비는 것은 독자나 청자로 하여금 자유로운 자기 해석을 통해서 깨달음에 도달하라는 암묵적인 메시지이다. 고착화된 체제, 설령 그것이 민감한 정치체제나 종교체제라 하더라도, 어느 한곳에 정주하지 않으려는 것도 늘 현재를 벗어나 미래를 향해 사유와 실천을 밀고 나가게 하려는 함석헌 자신의 끊임없는 노력의 과정이 아니었을까.

모호성은 때로는 사람을 힘들게 한다. 그러나 모호성은 해석의 평화로움을 지향한다. 그렇다고 해서 모호성이 절대적 평화의 길이라는 의미는 아니다. 모호성은 타자를 강제하지 않으려는 평화로운 마음과 이론의 경계를 열었다 닫았다 하는 과정과 태도의 결과이다. 열린 듯 닫힌, 닫힌 듯 열린 상태가 폭력을 주저하게 한다. 실체가 굳어지지 않았기 때문이다. 규정된 실체나 사태는 언제든 자아나 타자 사이의 관계를 이분법적으로 만들어서 갈등관계를 유발한다.

이 책은 2017년에 출간하기로 기획되었던 것인데 필자가 평화로운 게으름(?)을 추구한 탓에 차일피일 미루다가 이제야 세상에 나온다. 알지 못하는 여러 나무들의 생명이 사라짐을 통해서 말이다. 평화를 논하는 책이 반평화의 실존을 딛고 나오는 역설이 재현되어 버렸다. 미안할 따름이다. 게다가 이 책은 함석헌의 평화담론 중 지극히 일부분만을 재생산함으로써 큰 평화가 아니라 작은 평화만을 언급한 듯하다. 그럼에도 함석헌의 작은 평화라도 알려져서, 세계와 사회가 달라져야 한다는 데 동의하고 동참하는 이상주의자들이 좀더 많아지는 데 조금이라도 도움이 되길 바란다.

책이 나올 때까지 인내하는 마음을 갖는 것이 곧 평화라고 생각하셨을 수도 있겠다 싶은데, 필자가 항상 선배님이라 부르며 존경을 표하는 서울대학교 이찬수 교수님께 고마운 마음을 전한다. 기대와는 달리 평화를 위해서 평화로운 관계를 만들지 못한 필자를 혹독하게 비판하는 일이 후속작업이 될지도 모르겠다. 필자의 주체성이 너무 강해서 타자의 주체성을 외면했는지도 모르겠다. 평화로운 관계, 평화가 다시 내게로 다가오기 위해서 평화를 부를 것이 아니라, 평화의 관계적 대상인 타자를 호명해야 할 것 같다. 진리를 갈구하는 사람, 그 진리대로 살아보려고 애쓰시는 분들, 전헌호 신부님(대구가톨릭대학교), 황보윤식 소장님(함석헌평화연구소), 조은식 교수님, 김선욱 교수님, 백도형 교수님, 박준상 교수님(이하 숭실대학교), 박요섭 목사님, 박정환 목사님, 박광수 목사, 신성대 목사, 정은희 박사님, 이호재 박사님, 함석헌의 이미지를 제공해 주신 함석헌기념사업회의 김진 선생님, 서울대학교 통일평화연구원 동학분들께도 고마운 마음을 전한다. 그리고 수신과 수양이 채 되지도 않은 필자가 아내와 아들 두 사람과 한 울타리에서 평화로운 삶을 가능하게 하였는가를 다시 한 번 되돌아본다. 다만 더욱 평화로운 대화와 감정의 이해가 깊어지는 작은 평화공동체가 되기를 소망하면서, 미안하고 고마운 마음을 살며시 내비칠 뿐이다. 마지막으로 지식생산의 시장에서 고군분투하면서 학자들의 고뇌와 아픔, 그리고 어려움에 늘 함께 해주시는 도서출판 모시는사람들의 박길수 대표님과 그 식구들께 고마움의 인사를 드린다.

2018년 6월

김대식

함석헌의 평화론

들어가는 말

순수한 평화의
시원을 찾아서

왜 평화를 말하면 말할수록 구체적이고 현실적인 평화와는 자꾸 멀어지는 것일까? 평화에 대한 담론과 훌륭한 사상들은 많은데, 정작 현실에서 선한 평화는 찾아보기 쉽지 않고 순수한 평화와는 다른 변질된 평화가 우리의 시야를 가리고 있다. 따지고 보면 현실 세계에서 평화란 강자의 평화요 승자의 평화일 수 있다. 여전히 권력, 학벌, 영토, 부, 문명, 문화, 심지어 군대 등의 모든 방면에서 우월한 지위의 사람이나 조직, 국가가 말하는 이데올로기가 평화로 인식되고 있다.

그렇다면 민중들이 원하는 소박하고 균등한 삶을 같은 시공간 안에서 함께 나눈다는 것은 애초부터 불가능한 것일지도 모른다. 그런 의미에서 보면 순수한 평화로 거슬러 올라가서 거기서부터 어떤 평화로운 자양분을 받아서 흡수하고 밝게 깨달아서 구체적인 평화, 현실적인 평화를 정착시키는 것은 현 체제에 대한 깊은 반성에서 비롯되어야 한다. 다시 말해 체제에 대한 저항, 탈(脫), 즉 벗어남 혹은 넘어섬이라는 모험을 감행해야 한다.

누군가에게 박탈[奪]당했던 평화를 되찾기 위해서는 포스트

(post; 脫; 後)를 통한 저항이 시작되어야 한다. 포스트는 위치의 탈바꿈, 재점유, 이동 그리고 시각의 환골탈태라고도 볼 수 있다. 이런 맥락에서 평화라고 하는 담론을 둘러싼 왜곡된 현실과 그로 인한 심각한 갈등과 폭력, 전쟁과 죽임 등의 사건들로 점철된 세계의 현상을 가능하도록 만든 근본적인 쟁점들을 함석헌의 사유로 되짚어 보려고 한다.

순수한 평화를 찾아가기 위해서 필자는 한때 불편한 금기어가 되었던 언어, 국가, 종교, 인간, 역사 등을 비판적으로 분석하려고 한다. 왜 이들이 금기어라고 말하느냐는 의문을 제기할 수 있을 것이다. 모두 일상적이고 보편적인 개념들이라고 생각하기 쉽다. 습관적으로 사용하였기 때문에 그것을 당연하게 받아들이는 것이다. 하지만 지금까지 말다운 말을, 글다운 글을 제대로 표현하지 못하는 현실이 있었고 오늘날도 자유롭지 못하다는 것을 생각하면 필자의 의도를 알 수 있을 것이다.

종교는 말할 필요도 없다. 종교의 본질을 여기서 논하는 것은 소모적이기에 차치하더라도, 이 시대의 민중의 공통감각에 반하는 종교의 권력화와 자본화, 종교적 갈등과 혐오, 그리고 폭력과 테러 등은 이미 용인할 수위를 넘어섰다. 거기에서 순수한 본질로서의 종교적 평화를 기대하기는 어려운 것이 아니겠는가. 국가도 마찬가지다. 다양한 국가 형태나 국가 운영 방식, 그리고 국가에 대한 이념들이 있지만, 우리는 아직도 자유롭게 폭넓은 담론을 전개하기 어렵다. 인간과 역사를 바라보고 논하는 것도 헤게모니와 여러 환원주의에 의해서 수단과 도구로 이용될 뿐 순수한 평화의 본질을 위한 담론과는 거리가 멀었음을 잘 알 것이다.

신칸트학파의 에른스트 카시러(E. Cassirer)도 "인간의 두드러진 특색, 그의 독특한 성질은, 그의 형이상학적 혹은 자연적 성질이 아니라, 그가 행하는 바 그의 일인 것이다. '인간성'의 둘레를 정의하고 한정짓는 것은 이 일이요, 여러 가지 인간 활동의 조직이다. 언어, 신화, 종교, 예술, 과학, 역사는 이 둘레의 성분들이요, 그 가지가지 부분들이다"라고 말했다. 그래서 필자는 가능한 한 내부적 접근이 아니라 외부적 환경, 즉 체제, 제도, 조직 등으로 서로 연결되어 있는 인간의 연기적 삶이 공격 받고 있다고 생각하고, 이를 함석헌의 논법으로 톺아 보려고 하는 것이다. 외부의 구조적인 공격과 폭력으로 내면의 평화를 무너뜨리고 강제된 평화를 이식시킴으로써 오염된 삶의 중요한 요소들, 즉 언어, 국가, 종교, 인간, 역사 등에 대해서 어떻게 사유하고 실천해야 하는가를 논구할 것이다.

평화를 이루기 위해서 마음으로 애쓰고 몸으로 움직이는 것은 옳은 일이다. 이른바 평화운동이라는 것이 그것이다. 하지만 그 럴수록 평화가 저만치 물러간다는 생각은 기우일까. 모름지기 평화는 쟁취하거나 소유하는 것은 아니다. 평화는 욕심내지 않고 평화라고 하는 개념과 운동(운동은 사실상의 자연스러운 생성과 흐름이 되어야 한다)으로부터 멀어져야 정착이 되는 것은 아닐까. 역설적인 말이겠지만 소유하려 하고 집착할수록 평화는 사물성으로 전락한다. 내가 믿는, 우리가 바라는 평화가 진리가 되어야 한다는 일념 때문에 폭력이나 살인, 테러나 전쟁을 정당화하는 것을 자주 목도하게 된다. 그것이 앞에서 말한 힘이 있는 자들의 평화론이다. 독자들은 이 책에서 그 대안을 아나키즘에서 찾아 보려고 하는 필자의 의지를 엿보게 될 것이다.

제1장

함석헌의 언어평화론:
탈언어적 평화

1. 함석헌 언어의 모호성과 자유로운 사유 확장

"친구의 말을 들으려면 또 동정해라. 심퍼시(sympathy), 같이 아파하고 같이 고난의 짐을 지는 것이 친구다. 친구여, 내가 주제넘게 왜 말을 하는지 아나? 깨쳐 말하면 싱거운 것이지만 정신이 분열됐다는 말까지 들은 담엔 부득이 깨쳐 말 아니 할 수 없다. 내가 내 죄를 속해 보려고 말을 하는 것이다." - 함석헌

언어는 자신의 생각을 표현하고 의사를 전달하면서 타자와 소통하는 수단이다. 더욱이 언어는 단순히 소리가 아니라 사상이나 철학을 전달하는 오르가논(organon, 도구)이다. 그럼에도 언어에는 묘한 폭력성이 존재한다. 즉 무엇인가를 지시하고 가리키면서 규정할 때, 거기에는 권력의 힘이 작용하게 된다. 이른바 언어의 고착성이다. 물론 언어가 분명하게 사태를 직시하도록 해주고 명확하게 현상을 파악하도록 해주는 역할은 매우 중요하다. 하지만 언어란 그때 그곳 혹은 그것을 말해주는 것이기 때문

에 쉼없이 생성하고 변화하는 세계를 다 담아낸다고 볼 수 없다. 사람들은 소통을 이야기하면서 그 소통이 시간이 소요되는 지난한 관계 작업이라는 점을 간과하는 듯하다. 소통을 하고자 하는 이유는 타자와 내가 각자 다른 사유와 행동을 하기 때문에 서로 합의하고 타협하며 이해의 지평을 확보하기 위해서이다.

이때 언어의 고착성과 편향성을 극복하고 상호주체적인 자유를 갖고 생각이나 의견을 개진할 수 있는가 여부에 따라 타자와 세계, 그리고 주체와의 관계가 평화로 나아갈 수 있느냐 없느냐가 결정된다. 언어의 고착성과 편향성이 폭력과 전쟁, 거짓과 속임수, 아집과 갈등 등으로 확산될 가능성을 말하는 것이 지나친 비약이라고 생각할 수도 있다. 그런데 필자는 함석헌의 말법에서 언어를 해체하고 유예시키는 이른바 차연(differance)을 흔히 발견한다. 그의 텍스트에서는 행간과 행간, 개념과 개념, 단어와 단어, 문장과 문장 사이에 불명료함, 불명확함, 애매함 등이 산재한다. 그 이유는 그가 말을 통해서 사태를 고정시키려 하기보다 독자와 익명의 논쟁자에게 무한히 의미를 확장시키면서 스스로 사유하도록 돕는 역할을 하기 때문이다. 알다시피 함석헌의 사상적 모토가 "생각하는 백성이라야 산다"는 것이 아닌가. 생각을 규정하는 어떠한 지배적 언어나 폭력적 관념은 인간을 주체적으로 사유할 수 없게 한다. 스스로 사유하고 행동하는 민중이어야 역사와 세계에 희망이 있다고 본 함석헌은 말법과 언어의 구사력에서도 독자를 자신의 개념에 매몰되지 않도록 부단히 애를 쓴다. 필자의 경우 함석헌의 저서를 읽다 보면 논리적 비약이나 결론의 모호성 때문에 해석에 막중한 부담감을 안은 경우가 한두 번이 아니다. 하지만 결국 그것이 그가 독자나 학자들에게 의도한 잉여의 해석학적 장치임을 간파하였다. 함석헌 자신이 근대사를 지나 파란만장한 현대사를 경험하면서 철학, 정치, 교육, 역사, 통일, 여성, 종교 등 당대의 수많은 문제들에 대해서 발언을 하였다. 그런데 꽤나 시간이 지난 지금의 맥락에서도 함석헌의 이야기와 언어가 여전히 통용되고 일리가 있는 까닭은 그의 말법이나 논리, 그리고 언어가 열려 있기 때문이다. 폭압적이거나 지배적인 언어를 구사하여서 한 사태나 개념, 그리고 언어나 관념을 강제적으로 인식시키고 행동화하려는 의도는 과도할 정도로 절제되어 있다. 그런 방식으로 누구든 함석헌의 텍스트를 자유롭게 해석할 수 있고, 스스로 판단해서 행동으로 나아가도록 만드는 탈언어적 평화를 추구한다고 볼 수 있다.

언어가 상호 소통을 목적으로 한다면 타자에게 자신의 언어를 강요하면 안 된다. 자신의 언어는 여러 언어들 중에 하나의 언어에 불과하기 때문에 타자의 언어를 존중하면서 가능한 한 상호주체적인 언어로서 충분히 교감할 때까지 자신의 언어적 관념혹은 언어적 교착상태를 벗어나려고 노력해야 한다. 이것이 타자와 나, 더 나아가 나와 세계, 나의 이념과 타자의 이념이 충돌과 갈등을 일으키지 않고 공존하면서 인류 전체의 인식의 총합, 이해의 총합을 가능하게 하는 지름길이다.

함석헌은 "말을 못해도 이야기를 하는 것, 그것은 친구다. 반드시 가르치자는 마음에서 하는 것도 아니다. 같이 길을 가는 심정으로 같이 울고 웃고 걱정하는 심정으로 하는 진정에서 나오는 소리다. 그러므로 그 말 내용으로는 반드시 다 옳다 할 수 없고 때로는 그릇된 것도 있다. 하지만 그 진정이 그 말을 살린다"고 했다. 언어 구사는 친구에게 하듯이 해야 한다. 친구 사이의언어에서 지배자 언어와 피지배자의 언어가 따로 있을 수 없다. 자신의 언어가 옳을 수도 있고 그를 수도 있다는 겸허한 자세를지켜야 타자와 이웃의 관계로 지낼 수 있다. 그리고 언어를 사용할 때는 그 말에 진정성을 담도록 해야 한다. 진정성이 없는 말은 아무리 미사여구라고 해도 거짓과 술수, 사기와 가식으로 들리게 마련이다. 거기에는 타자와의 공존적 평화란 존재하지 않는 허상만이 있을 뿐이다.

2. 언어의 보편성과 타자 인식 범주로서의 '바탈'

함석헌의 언어에서는 화자나 청자(독자)의 언어가 수평적이다. 화자라고 해서 지배적이고 독단적이고 폭압적 · 강제적 언어를 사용하는 것이 아니다. 필자는 그런 의미에서 함석헌의 말법이 '설득의 수사학적 언어'를 구사하고 있다고 생각한다. 특히 '바탈'이라는 단어는 인간의 보편적인 마음을 일컫는 말이다. 함석헌은 바탈을 바탕으로 읽는다. 바탈은 "사람의 손질이 가지 않은 그대로 있는 것"이다. 바탕을 바탈로 독해한다는 것은 이미 제도화, 조직화, 체제화 되어 있는 언어 구조와 사회 구조에 대한 저항이다. 그렇게 함으로써 현재의 고착화된 언어적 시선을 해체한다. 그 해체는 언어를 만들고 사용하는 주체에 대한 저항이면서 동시에 기존 위계질서를 타파하고 언어 구조와 사회 구조를 재편성함으로써 언어를 민중에게 되돌려 주겠다는 정신으로 봐야 할 것이다.

여기서 바탈이라는 단어의 독점권이 다시 함석헌에게 있다고 생각할 수 있다. 그래서 새로운 질서나 체제를 구축하려는 지배적 언어를 생산한 것이 아니냐는 반론이 제기될 수 있다. 하지만 함석헌은 언어의 독점과 지배가 아니라 언어의 평등성과 상대성을 나타내려고 하였다. 함석헌에 의하면 말이란 뜻의 상대적 표현일 뿐이다. 다만 그 뜻이 표상한 자리가 현재로 드러났다고 말한다. 말(씀)은 선악도 없다. 오직 하나의 말이 있을 따름이다. 한 시대 현실의 현장에서 생겨나는 말은 그저 당대 존재의 소리이고 뜻이라고 볼 수 있다. 그렇다면 말은 생성변화하고 발전하는 것이지 결코 머물러 있는 것이 아니다.

함석헌은 "시대의 말씀은 민중의 입에서 나와야 한다. 민심이 천심이다"라고 말한다. 이것은 에른스트 카시러가 "그것은 무의미한 것이 아니며, 또 무력한 것도 아니다. 그것은 단순히 flatus vocis(소리의 바람), 즉 공기의 한갓된 호흡이 아니다. … 로고스(logos, 말)는 우주의 원리가 되고 또 인간지식의 제1원리가 된다"라고 한 말과도 일맥상통한다. 그러면서 "언어는 에르곤(ergon, 작품)으로서보다 오히려 에네르게이아(energeia, 활동)로서 보아야 한다. 그것은 기성물이 아니라 연속적인 과정이다. 그것은 사상을 표현하기 위하여 분절된 음성을 활용하려는 인간정신의 끊임없이 되풀이된 노력이다"라고 말한다. 이는 언어의 상대성을 간접적으로 표현한 말이다. 다시 말해서 소쉬르(Ferdinand de Saussure)의 랑그(langue, 보편적인 언어)가 아닌 파롤(parole, 시간적인 과정으로서의 개인적인 말)을 풀이한 것이라 볼 수 있다.

다시 바탈이라는 말 사용법을 관찰해 보면, 이는 인간의 태곳적 심성, 순수한 마음을 상징한 말이다. 함석헌은 특히 한자에 국한된 말 사용을 순수 한글로 치환하기를 주저하지 않는다. 당시의 지배적인 언어인 한자를 순수 한글말로 풀어가는 것은 민중을 억압하고 의식의 한계 안에 가두려는 지배자의 정신을 거부하는 것이다. 지배자의 언어, 지배를 위한 절대 언어를 상대화시키는 것은 새로운 언어로 치환하여 그 언어가 민중의 언어가 되게 만드는 일이다. 그중에 가장 두드러진 언어가 바로 바탈이라는 말이다.

이 바탈이라는 언어는 고정된 말이 아니라 당시의 시대상과 민중의 정신을 반영한 말이다. 함석헌은 바탈을 그저 소리를 내는 언어가 아니라 민중의 입을 통해서 나오는 로고스가 되도록 만들었다. 새로운 세상, 모두가 균등하고 수평적인 시선에서 눈을 맞추며 자신의 자유를 향유하는 평화로운 세상은 지배적인 언어 이후의 언어, 탈지배적인 언어를 사용하는 데서 시작한다는 것을 깨닫게 해 준 함석헌의 고유한 말법이라 하겠다. 이처럼

함석헌은 세계와 신을 사물화하려는 폭력에 저항하는 비판적인 언어를 사용한다. 그는 세계와 인간, 그리고 자연에 대해서 폭력을 행사하는 거대 집단을 신랄하게 비판한다. 비판으로서의 함석헌의 언어는 철학적, 정치적, 경제적, 교육적, 문화적, 종교적, 문학적 수행을 통해서 나타난다. 이를 위해서 그는 '지체성'(遲滯性)의 수사학을 구사한다.

바탈이라는 말 한마디에는 바로 민중 모두가 순수한 데에 가 닿아 순수의식으로 사유하는 존재가 되기를 바라는 소망이 함축되어 있다.

더군다나 바탈은 인위적이고 작위적인 것 이전의 순수한 본성을 일컫는다. 바탈과 바탈이 만나서 이루는 참[實]은 밝힘[明]과 됨[化]의 속성을 품고 있으며 그 바탈을 통해서 문화와 문명이라고 하는 꽃을 피우는 것이다. 따라서 바탈은 단순히 음성적 언어 혹은 소리가 아니라 민중의 정신이 담긴 말로서 민중이 평화라는 근본에 도달할 수 있는 동력을 제공하는 자기 본래성과도 같다.

민중의 말은 한곳에 머물러 썩지 않고 흐르고 또 흐르면서 변화하고 생성한다. 지배적인 언어를 사용하기를 거부하고 새로운 언어를 창안하는 것은 지배와 피지배의 관계를 탈피하여 약자로서의 타자를 부단히 인식하며, 민중의 의식이 깨이기를 바라는 저항과 시도라고 평가할 수 있을 것이다.

3. 언어의 탈지배적 비판 기능[지체성]을 통한 평화

함석헌은 세계와 신을 사물화하려는 폭력에 저항하는 비판적인 언어를 사용한다. 그는 세계와 인간, 그리고 자연에 대해서 폭력을 행사하는 거대 집단을 신랄하게 비판한다. 비판으로서의 함석헌의 언어는 철학적, 정치적, 경제적, 교육적, 문화적, 종교적, 문학적 수행을 통해서 나타난다. 이를 위해서 그는 '지체성'(遲滯性)의 수사학을 구사한다. 다시 말해 함석헌의 말법은 언어를 지연시키거나 현상 기술에 대해서 더딘 것 같은 느낌이 든다. 그러나 그 언어적 지체성은 골똘하게 생각함에서 비롯된다는 점은 중요하다.

전방위적 비판을 수행할 때의 언어는 위험하고 모험이기도 하다. 언어를 사용하는 주체가 폭력을 경험할 수도 있다. 비판 기능으로서의 언어를 구사할 때 지체시키는 듯한 인상을 주는 것은 바로 타자의 폭력에 대한 생각을 명료하게 하기 위한 것이다. 아도르노(Theodor W. Adorno)에 따르면, 주체는 언어 속에서 자기를 망각해야 한다. 그래야만 언어가 사회적 동기부여로서의 언어로 작용할 수 있기 때문이다. 이러한 입장에서 보면 자아는 언어에 숨겨져 있다고 말할 수 있다. 하지만 함석헌은 언어를 통해서 자아를 드러내는 방식을 취한다. 언어적 자아는 타자와 만나는 현존의 매체가 된다.

개별자와 사회가 만남으로써 진정한 관계가 성립되면 그곳에서 변혁이 일어난다. 이것은 언어와의 동일화가 아닌 언어를 통해 낯선 세계와 맞닥뜨려서 일어나는 낯선 감정, 즉 숭고미와 다르지 않다. 언어를 통한 숭고미는 언어를 사용하는 주체와 대상 사이에서 대상이 갖고 있는 낯선 감정이 아니라, 언어를 사용하는 주체가 대상보다 더 우월한 도덕적 실천이성을 품고 있다는 깨달음과 인식이라고 볼 수 있다. 하지만 낯선 세계의 폭력성이 민중 주체에게 가해지는 집단 언어의 강요가 자기 부식으로 이어질 수 있다. 이것을 견뎌내면서 가능한 한 폭력을 동일한 폭력으로 대하는 동태복수법을 피하기 위해서는 수도자적 언어를 사용할 수밖에 없다.

함석헌은 끝내 당대의 상업적, 자본적, 아비투스적 언어를 탈피하면서도 서정적, 사변적 언어가 아니라 이상적 세계를 그려내는 사실적 언어, 실천하는 언어를 구사한다. 이를 통해서 종래의 지배적인 언어를 해체하고 존재 언어의 억압적 주관성을 극복하는 수도자적 언어의 구사를 실현한다. 아도르노의 표현을 빌린다면, "그 문체는 수사학적인 형상과 리듬에 무언가를 내세움으로써가 아니라, 상업에 의해 더럽혀진 언어의 거리가 점점 줄어들도록 금욕적으로 절약함으로써 얻어진 것"이다. "평화의 음성은 꿈이 부서지지 않고서는 평화가 이룩되지 않음을 입증"한다는 그의 역설은, 평화적 상상력의 언어는 그 상상 속에만 존재하는 평화가 아닌 실제로 현실태로서의 평화가 되어야 함을 적시한다. 그러기 위해서는 우리의 상상의 평화가 현실로 내려와야 한다는 것을 말하고 있는 것이다.

평화가 상상의 언어로 머무는 시간이 오래되면 될수록 평화는 정착되지 않는다. 함석헌은 "나더러 말이 곱다 밉다 말라. 글에 조리가 있느니 없느니 말라. 이 부조리를 깨치고, 이 짙은 어둠을 뚫으며, 이 수수께끼를 풀 때까지 나는 미친 듯이 아우성을 치며 회오리바람을 돌지 않을 수 없느니라"고 말한다. 그의 평화적 음성은 상상에 그치지 않는다. 상상의 평화적 그림을 언어로 표출하면서도 지체성이 드러나는 것은 그의 평화에 대한 조급증 때문이다.

어법의 지체, 내용의 지체, 논리의 지체는 어두움의 역사적 현실에서 평화를 전달하기 위한 언어적 상상력이 채 풀리지 않아서라고 생각할 수 있다. '평화의 길'을 향해 가는데 오히려 갈등과 투쟁이 더 심한 이유는 언어의 사유화, 곧 내 언어라는 지향성이 존재한다는 오만에서 비롯된다. 함석헌은 내 것, 내 언어라는 것은 결국 내가 생각한 것 이외에는 아무것도 없다는 착각 또는 오만에서 나온 관념이라고 말한다. 내가 사용하고 내가 말하는 개념이나 언어가 절대적이라고 믿을 수 있지만, 실상은 나의 것이 아니라 이미 어떤 권위에 매여 있는 언어를 내가 똑같이 반복적으로 사용하고 있다는 것이다. 따라서 종교 공통의 사유와 실천인 '버림'을 구현해야 한다.

언어가 내 것이라는 생각, 내 이름, 나란 생각조차도 없어져야 정치, 나라, 종교, 성별 간의 경계에서 봉쇄된 언어들이 풀리면서 평화를 이룰 수가 있다. 자기 언어 제일주의나 절대주의를 벗어나지 못하면 스스로를 속일 뿐만 아니라 이데올로기의 정치적 언어로 인해서 갈등과 폭력, 상처를 양산할 뿐이다. 그런 의미에서 함석헌 자신의 언어와 그가 강조하는 버림의 언어는 지체성의 언어와 동일한 맥락에서 이해할 수가 있을 것이다. 탈자기중심적 언어가 중요한 것은, 타자를 일방적으로 수용해야만 하는 수동적인 존재로 만들지 않기 위해서이다. 평화가 일방적이 아니라 쌍방향이 되고 커뮤니케이션이 되어야 하는 것은 언어 안에 녹아든 체험이 없이 발언하는 것이 타자에게 횡포요 폭력이 되는 사태가 발생하기 때문이다. 함석헌이 경험 실증적 언어를 중시하는 이유는 타자를 사물화하여 익명의 전체주의적 언어나 지배적인 언어를 자기 주체성이 없이 전달하는 게 문제라는 인식 때문이다. 이것을 극복하기 위해서는 설령 지배적이고 권위적인 언어를 알게 되었다고 하더라도, 자기의 사유를 통해서 완전히 녹여내어 새로운 체험의 경험 실증적 언어를 만들어내려고 노력하는 자세가 필요하다.

자기 주체적인 언어를 사용하기 위해서는 깊이 파고들어 독단적이고 폭력적인 언어를 제거하는 것은 물론이거니와 권위적이고 지배적인 힘에 저항하고 대항해야 한다. 이것은 언어 사용 주체가 독단적인 자기 언어의 허위성을 깨닫고 타자와의 대화에서 똑같이 자기 주체적인 언어를 사용하도록 하기 위함이다. 이렇듯 타자를 예속하지 않는 진정성이 있는 언어로 소통하려는 것은 나와 타자가 평화적인 관계를 꾀하게 되는 좋은 방법이다. 나아가 나와 타자의 평화적 관계를 위해서 언어의 상호주관적 체험에 대한 의미의 내재와 진실은 필수적이다. 동시에 언어를 통한 상호주관적 체험은 평화적 형식과 내용에서도 반드시 필요한 성찰적 요소임은 분명한 사실이다.

함석헌의 언어철학은 신과의 소통, 그리고 타자와의 소통에서 유아론적 입장을 유보하라는 입장을 강조하면서 주체의 해체를 종용한다. 그뿐만 아니라 주체의 가상(schein)을 폭로하면서 자신도 그와 같은 내면적 고백을 언어라는 장치를 통해서 독자와 만나는 것이다.

제2장

함석헌의 절대자유평화론:
탈국가주의적 평화

1. 민주주의, 과연 평화주의인가?

"세계 전체를 생각하지 않고 이 민족의 장래 생각할 수 없습니다. 그건 이 다음에 언제 얘기할 거지만, 나는 국가주의 아주 반대하는 사람인데, 이걸 청산하지 못하는 한은 인류의 구원 아마 없을 거예요." - 함석헌, 『두려워하지 말고 외치라』11, 33쪽

함석헌은 민주주의 정치 제도를 무반성적 태도로 바라보는 것을 경계한다. 그는 민주주의 이면에는 근본적으로 국가주의가 자리 잡고 있다고 본다. 민주주의가 국가주의라는 폭력주의의 잠재태라는 것을 간파한 것이다. 주의해야 할 것은 함석헌이 국가를 부정하는 것이 아니라, 국가라는 체제를 유지하기 위해서 필연적으로 동반되는 감정적 판단과 선동을 비판하고 있다는 점이다. 일반적으로 국가의 반의어가 반국가이고 국가의 동의어가 애국이라는 식으로 등치시킨다면, 국가 체제에 대한 불신은 곧 국가의 정체성을 뒤흔드는 것이라고 생각하기 십상이다. 그러나

앞에서 말한 바와 같이 국가주의와 폭력주의는 역사적으로 동일한 맥락에서 이해되었다. 더욱이 국가가 곧 그 국가의 수장이라고 인식될 때, 지도자(수장)가 행하는 모든 일이 곧 국가의 일이라고 생각하여 면죄부를 부여하고 묵인하는 경우도 있었다. 하지만 국가주의라는 폭력이 용납될 수 없는 이유는 그 국가공동체의 구성원이 원자적 사물이 아니라 사유하는 씨울, 혹은 사유하는 인격체들이기 때문이다.

따라서 자연스럽게 함석헌은 국가주의를 넘어선 세계주의 혹은 세계시민주의로 나아간다. 인류 전체의 시각에서 현안 문제를 풀어내고 공존을 위해서, 공(公)을 살리기 위해서 세계 전체의 협동을 강조하는 것이다. 국가주의를 내세우면 자국의 이익을 위해서 전체를 파국으로 몰고 갈 수 있지만, 세계 전체의 이익을 고려한 협동과 협력, 협화를 앞세운다면 공생할 수 있다. 그렇다고 해서 함석헌이 전체를 위해 개별적 존재가 희생을 해야 한다거나 무시해도 된다는 논리를 펴는 것은 아니다. 어디까지나 전체 안에서의 개별적 존재, 개별적 존재와의 관계 속에서의 전체를 균형감각을 가지고 보지 않으면 국가주의에 경도된다는 것을 말하고 있는 것이다.

국가가 마치 사회 전체 구성원 혹은 인류 전체의 이익을 고려하는 것처럼 가장할 경우에 자국 우선주의에 빠질뿐더러 사실 국가 체제를 운영하는 일부 집단의 이익만을 대변하는 기이한 현상이 발생하게 될 것은 뻔하다. 이에 대해 함석헌은 국가주의 체제에서는 국가가 하나의 우상이 되어 물질적, 정신적, 영적 에너지의 소진을 가져오게 될 폐단을 지적한다.

그렇다면 국가주의는 무엇으로 극복할 수 있을까? 함석헌은 인간의 개별적 자유, 절대 자유를 주장한다. 새로운 인류, 공생적 인류, 평화 인류가 되기 위해서는 아무리 국가 공동체의 체제 논리가 중요하더라도 반드시 개별 존재의 절대 자유가 보장되지 않으면 안 된다. 만일 국가가 인간 개개인의 자유를 억압하고 국가 이데올로기의 소모품으로 취급할 뿐 인식과 판단의 주체로 인정하지 않는다면 새로운 인류의 발전은 기대하기 어렵다.

함석헌이 개별 인간 존재의 자유에 무게중심을 두는 것은 세계 전체 혹은 인류 전체가 생각, 곧 사유하는 인격체로부터 파생되어야 한다는 굳은 신념 때문이라고 볼 수 있다. 이것은 아무리 국가라고 하더라도 그 공동체를 구성하는 개별 인격체들의 자유를 고려하지 않은 채 운영할 수 없는 것이고, 그렇지 않으면 개별 존재의 자유를 억압하는 폭력으로 이어질 가능성이 농후하기 때문이다.

함석헌의 이와 같은 탈국가적 사유는 민족이나 국가에서 얽매인 사고방식에서 벗어나 하나로서의 전체, 전체로서의 하나인 세계를 지향하는 범세계적 사고방식이다. 자기 민족과 국가를 지나치게 강조하면 이웃 민족과 국가에 대해서는 배타적 입장을 취할 수밖에 없다. 사유하는 개별 존재의 자유는 사실상 민족과 국가를 넘어선다. 그것이 결단코 위험한 것이 아니다. 함석헌의 말대로 "생각을 전체로써 하는" 그런 자아가 결여된 것이 더 위험하다.

국가와 민족의 경계선이 개별 인간 존재의 사유와 자유의 제한선일 수는 없다. 그 경계선을 넘어서 세계 인류의 선을 지향하는 사유와 행위를 한다는 것이야말로 세계 평화를 위한 중요한 의식의 전환이다. 습관적 사유, 습성적 이념에 매몰되어서 마치 국가주의나 민족주의가 최고의 진리인 양 믿는 순간, 그 진리가 폭력과 전쟁으로 이어질 수 있다. 따라서 국가의 진리가 아닌 진리의 국가가 더 개별 인간의 자유에 부합한다. 국가의 진리는 폭압으로 강제하지만 진리의 국가는 인간의 자아와 공동체의 체제에 대해서 끊임없이 사유하도록 하기 때문이다. 달리 말하면 국가의 일부가 개인이 아니라 개인의 의식과 자아의 확장이 국가가 될 때에, 국가가 이성적 방향으로 틀지어질 수 있는 것이다.

반대로 개별적 존재가 국가의 일부인 것처럼 호도되어서 국가가 하는 모든 행위들이 그 의식의 반영으로 본다면, 자칫 어느 순간 국가는 개별 존재의 이성과 합리성을 기반으로 한 판단이라고 폭력을 행사할 것이다.

한 걸음 더 나아가서 현재의 민주주의가 개별 민중의 의식을 존중하는 바로 거기에서 비롯된 정치 체제인가를 물어야 할 것이다. 민주주의, 민족주의, 국가주의, 폭력주의라고 하는 각각의 이념의 지향성이 개별 민중의 완전한 자유의 발달과 대치된 것이라면 엄밀한 비판과 반성이 선행되어야 한다. 함석헌은 이를 위해서 세계 민중이 깨어나 하나가 되어야 한다고 설파한다. 체제, 제도, 조직보다 더 우선해야 할 것은 민중의 깨우침이라는 것이다. 그것이 온갖 폭력과 맞서 싸울 수 있는 힘이며 동시에 평화를 가져올 수 있는 원동력이기도 하다.

2. 탈영토적 국가와 탈민족주의

"민족이란 영원한 것은 아니고 교통·통신이 빨라질수록 민족
적 특색이라던 것은 차차 엷어질 것이다. … 혁명은 반드시 민
족적 성격의 개조에까지 미쳐야 한다. … 민족성은 개인의 성
격과 마찬가지로 인간본성과 자연환경과 역사적 배경이 한데
얽혀서 된 것이다." - 함석헌

함석헌은 국가주의가 부정의와 연관될 수 있음을 적시하였다.
심지어 민족의 정체성 강화가 다른 민족에게는 불의와 부정(不
正)을 가져다 줄 수 있다고 보았다. 이른바 자민족은 선이자 정
의이고, 타민족은 악이자 불의가 되는 것이다. 하나의 민족이라
는 관념과 자기 이성의 규칙이 타민족에게 동일하게 적용되지는
않는다. 선과 악이라는 민족 구분의 이분도식이 평화를 깨뜨리
는 요인이 된다는 사실을 일찌감치 꿰뚫어본 것이다. 민족은 사
실 보편성이 아니라 특수성에 입각한 자기 정체성과 고유성에

대한 정서적, 영토적 확인에 가깝다. 그래서 민족이란 하나의 허구나 상상의 산물이라고도 한다. 적대자에 대해서 호의적인 판단을 내리기 어려울 경우에 폭력 행사의 중대한 구실을 제공하는 것이 민족이다. 그것을 단순히 혈육적 전통과 역사적 공동체성을 나타내는 집단이라고 말하기 어렵다.

아무리 집단이 일정한 영토와 역사, 그리고 감정을 공유한다고 하더라도 오랜 시간 자신의 영토를 떠나 있게 되면 실질적으로 민족의식이 생성되는 것이 거의 불가능하기 때문이다. 어느만큼의 공동체적인 정신을 공유하는가에 따라서 개별 존재의 민족의식이 달라지기도 한다. 어떤 의미에서는 민족의식이란 끊임없이 변화되며 재확인을 해야 하는 애매모호한 것이다. 이에 함석헌은 민족이라는 울타리, 그리고 국가주의라는 것은 시대착오적인 것이라고 꼬집는다. 시대가 어떤 경계나 구분을 원하고 있지 않기 때문이다. 이미 민족이나 국가를 넘나들면서 학문, 정치, 문화, 경제, 스포츠 등 수많은 영역에서 의식과 정신의 변화가 진행되는 것을 목도하고 있다. 다시 말해서 민족이란 하나의 고착화된 실체가 아니라 변화 생성하는 존재라는 것이다.

시대의 흐름에 역행해서 고정된 국가 실존이나 민족의 실존을 논한다면 갈등과 반목, 지배와 억압이라는 근대적 정복주의로 퇴

행함으로써 평화에의 의지와 동력을 소진하게 될 것이다. 그러므로 세계 평화를 이루기 위해서는 나의 국가 실존이나 민족 실존을 넘어서 세계 실존이 되어야 한다. 세계가 서로 타자를 살리기 위해서 노력하는 이른바 '한살림'에 초점을 맞추지 않으면 안 된다. 영토의 정체성이나 정서 혹은 감정적 실존보다 더 중요한 것이 보편적 세계 실존임을 명심해야 한다. 함석헌은 다시 제국주의적 논리로 국가와 국가가 대립하고 경쟁한다면 그것은 결국 역사의 역행이요 퇴보라고 믿는다. 따라서 경쟁의 논리를 넘어서 세계가 하나의 운명 공동체라는 것을 철저하게 깨달아야 한다고 주장한다. 한편 조르주 바타이유(G. Bataille)는 "역동적 평화란 상대 진영의 무장과 전쟁의 위협 상태를 유지시키는 결연한 의지를 의미한다"고 주장한 바 있다. 과거 구소련과 미국의 군비경쟁 체제를 배경으로 현실적인 평화를 제시한 것이라고 볼 수 있는데, 이는 매우 과격한 방식의 평화라고 할 수 있다. 그는 무장 해제가 답이 아니라고 말한다. 그나마 지금 평화가 유지되고 있는 것은 경쟁과 긴장의 균형과 평형적 힘 때문이라고 본 듯하다.

그러나 함석헌은 국가 간, 민족 간의 경쟁주의가 평화의 걸림돌이라는 것을 분명히 한다. 다시 말해 패권주의적 평화는 세계 실존을 불안하게 만든다는 것이다. 이에 대한 대안은 자기 희생적인 사랑이요 비폭력이다. 사랑과 비폭력의 형이상학만이 군비 경쟁과 민족주의, 그리고 국가주의를 극복할 수가 있다. 그것으로 국가와 민족의 폭력적 평화가 아닌 상호 주체적 증여로서, 상호호혜적 주체로서 세계 실존의 공생적 평화를 교환할 마음이 생긴다. 모름지기 "평화는 국가와 민족 간의 잉여적 사물을 이해타산적으로 과시하며 자신들의 관용을 교환하는 것이 아니다. 평화는 국가와 민족의 경계를 넘어서는 보편적 공동 정신의 선물을 교환하는 것이다."

함석헌이 말한 자기 희생적 사랑과 비폭력은 세계 실존의 과잉의 질서를 위한 토대라고 해도 지나칠 것은 없을 것이다. 평화가 단순히 기술이나 현상 서술이 아니라 규범이 되어야 하는 것도, 평화라고 하는 규범적 이성과 정서로 자리 잡아야만 한갓 이상적 담론으로 그치지 않을 것이기 때문이다. 함석헌이 제안하는 자기 희생적 사랑과 비폭력은 이론적 평화 담론이 아니라 실천적 담론이라는 점을 명심해야 한다. "폭력에는 끝이 있다. 반드시 있다. 그러나 사랑엔 끝이 없다. 끝없이 하므로 사랑이다. 폭력은 당장 알아보게 효과가 있다. 그러나 있기 때문에 없어지고야 만다. 사랑은 뵈지 않는다. 없다. 그러나 없으므로 결코 없어지지 않는다." 함석헌의 말이다.

3. 중립적 국가 평화론

전형적인 아나키즘은 "국가는 악이다"라고 규정한다. 기본적으로 국가는 인간에게 폭력이고 배타적, 강제적인 성격을 띠고 있기 때문이다. 국가는 권력을 앞세워 민중을 억압하고 권력을 통한 자기 과시에만 관심을 기울인다. 한마디로 말해서 국가는 '특권의 규제적 성화(聖化)'라고 이름을 붙일 수 있을 것이다. 따라서 아나키스트는 국가라는 '폭력독점기구'를 끊임없이 감시하는 역할을 하며, 동시에 국가 권력에 저항하는 것을 건강한 행동 지표로 삼는다.

마찬가지로 함석헌은 "가족주의가 없어져도 가족은 있으며, 가족주의가 없어진 민족이야말로, 가족의 참 의미를 알 수 있는 모양으로, 민족주의가 없어져도 민족이라는 사실은 있고, 민족지상주의·민족신성주의가 없어진 인간의 시대에서야말로 민족의 참뜻을 알 수 있다"고 말한다. 그러면서 " … 민족적 자아라 하는 것이요, 그것이 역사의 주체다. 역사상의 모든 죄악은 결국 민족적 성격의 결함이다. 그러므로 혁명은 반드시 민족적 성격의 개조에까지 미쳐야 한다"고 주장한다. 함석헌이 말하는 본질은 ~주의(主義, ism)가 아니라, 그 토대를 이루는 바탈, 즉 인간 정신의 개조, 인간 자아의 개조가 우선해야 한다는 것이다.

그렇다면 ~주의를 어떻게 벗어날 것이냐가 관건이다. 평화는 항상 이념적 접근, 이데올로기에 의해서 뿌리내리지 못했다. 평화는 국가주의로부터, 가족주의로부터, 민족주의로부터 벗어나야 한다. 그래야 진정한 국가, 가족, 민족의 원형이 보인다. 국가, 가족, 민족의 원본이 도대체 무엇인가, 라는 성찰은 인간의 정신, 민중의 정신이 스스로 깨이는 바탈의 힘에 의해서 가능하다. 국가나 민족이라는 형식이 민중의 내용을 다 담아 내려면 ~주의의 근원이 되는 것이 무엇인가를 물어야 한다.

~주의는 편파적이고 편협하며 부당하다. 한쪽으로 쏠려서 무게중심을 잡지 못하는 경우, 평형상태가 깨진다. 평형상태를 유지하자고 하는 것이 평화인데, 이것을 현실적으로 정착시키려면 민중의 합의와 의사소통을 통해서 국가를 중립지대화할 수 있어야 한다. 중립이란 매국이나 배신이라는 논리적 비약도 삼가야 한다. 중립은 치우치지 아니함이고 실제로 민족의 자아를 좀더 분명하고 확고하게 하는 것이다. 민족의 자아가 반드시 색깔이

있어야 할 필요가 없다. 색깔을 운운하는 즉시 우리는 민족과 민족, 국가와 국가 사이의 경쟁과 외교적 이익을 고려한 손익을 따지는 관계에 편입됨으로써 더 이상 평화적인 민중이 될 수가 없다.

중립은 국가 '이후'(post)의 공동체를 모색하는 것을 의도한다. 에른스트 카시러가 직시한 것처럼, '현재와 같은 국가란 근대화 과정의 후기의 산물'이라는 점에서 반드시 지금과 같은 국가를 계속 유지해야 한다고 고집할 필요가 없다. 국가도 생성하고 발전하면서 민중을 위한 새로운 형태로 나아가야 하기 때문이다. 이른바 중립국가 혹은 중립공동체는 상호 보완적 주체가 될 수 있다. 이것은 크로포트킨이 말한 상호부조와 매우 근접한 개념이라고 볼 수 있다. 경쟁과 약육강식의 논리나 지배와 피지배자의 질서가 아니라 다양한 공동체가 생태적 조화와 돌봄, 그리고 상호상존적 주체로 살아가는 길을 여는 것이다. 주체와 주체가 상호 이익 지대에서 만나서 상호 공감으로 이룬 느슨하고 유연한 공동체는 평화로운 삶을 이상으로 삼는다.

함석헌은 평화통일 혹은 평화문제에서도 이념이나 진영논리에서 벗어나야 한다고 주장한다. 평화는 한쪽의 이념으로 또 다른 한쪽의 이념을 포섭하거나 억압하는 것이 아니라 있는 그대로를 인정하는 데서 출발한다. 특히 지리적으로 보아서 한반도가 자유진영의 이념적, 전략적 기지라는 주장에 대해서 자주적인 태도를 취해야 한다. 더군다나 ~주의라는 대립을 초월한 중립 지대의 선언은 바로 제3자적 지위를 일컫는다. 이를 바탕으로 함석헌은 "공산주의가 자유진영을 이겨도 아니 되지만 또 자유진영이 공산진영을 이겨도 아니 된다"라는 중립적 평화관을 제시한다. 이것은 정신적인 힘의 충실과 이념 및 지리적 공정성에서 드러난다. 물론 국가주의 사고에 머물러 있는 사람들은 서양의 근대국가적 개념에서 탈피할 수가 없을 것이다.

국가는 중앙집권적 관료 시스템에 의거한 통치체제가 되어야한다는 생각은 국가가 서구적 의미의 계약 공동체가 아니라 자명한 실체, 과거 인류 등장 이전에 존재했던 '자연적 현실'이라고 규정할 것이다. 하지만 일찌감치 국가란 상상의 공동체요 공동환상이라는 비판이 있었다는 것을 기억해야 한다. 국가나 민족혹은 국민의 개념에 매몰되어 있는 사람들은 인정하지 않겠지만 새로운 형태의 정치체제 혹은 정체 체계가 실험적으로 등장할 수 있다는 것을 인정해야 한다. 자립이나 자급이 가능한 형태의 영세중립국으로의 과감한 전환이나 중립지대로의 공간을 열어젖히는 것은 이미 지구상의 여러 국가들에 의해서 실증된 바 있다. 따라서 자율, 자치, 자유를 구현하면서 공존공생의 평화로운 삶을 인간의 최종적인 목적으로 본다면 국가 이성에 의한 상호 이익의 충돌과 갈등, 그리고 폭력을 조장하는 국가주의를 거부해야 한다.

제3장

함석헌의 종교평화론:
탈종교적 평화

1. 궁극의 무종교적 세계

"무(無)는 유(有)보다 크다." - 함석헌

종교가 다양하게 그리고 많이 있는 것이, 역설적으로 보면 그만큼 세계가 건강하지 못하다는 반증이 될 수 있다. 그런 관점에서 보면 종교가 없는 세계가 오히려 인간이 더 성숙한 상태라고 할 수 있다. 자꾸 종교적인 삶 혹은 종교를 양산하려는 강한 의지는 인간 스스로 주체적인 삶을 살 수 있는 능력이 부족하다는 것을 입증하는 셈이다. 함석헌이 무교회주의의 이상적 가치를 강조하고 혹은 정신을 하나님 사랑과 이웃 사랑에다 둔 것도 그만한 이유가 있었던 것이다. 세계에 수많은 종교가 있음에도 불구하고 여전히 그 좋은 종교적 모토인 사랑, 자비, 평화 등이 실현되지 못하는 것은 종교에 문제가 있는 것이 아니라 종교의 형이상학적 가치를 구현하지 못하는 인간의 한계 때문이다.

종교는 군이 종교라고 명명하지 않아도 바로 그렇게 살면, 종교적 삶인 동시에 인간의 보편적인 삶이 되어야 마땅하다. 종교적 삶이 세계 곳곳에서 뿌리내리고 그 삶의 가치를 살려는 의지를 가지게 되면 많은 사람들이 그것을 자신의 삶의 규범으로 인식하기 때문에 보편적인 가치가 되는 것이다. 함석헌은 반드시 종교라고 명명하지 않아도 종교적 삶이라고 말할 수 있는 보편 개념으로 종교를 설명한다. 평화를 훌륭한 실현 가치로 여기다면 보복 대신에 정신, 도덕, 양심을 기초로 하는 사랑을 우선해야 한다는 것도 따지고 보면 종교적 개념이 아닌 인간의 보편적 가치를 규정한 개념이라고 할 수 있다.

더욱이 종교와 인간, 정치, 그리고 이웃종교 사이의 갈등 관계도 정신, 도덕, 양심이라는 인류적 가치에 토대를 두지 않기 때문에 발생한다. 이는 함석헌이 말하듯이, 거짓과 위선으로 점철된 자기 기만적 종교성 때문이다. 그는 이웃과의 평화, 이웃종교와의 평화를 이룩하기 위해서는 자기와의 평화, 자기를 향한 성실성이 무엇보다도 중요하다는 점을 거듭해서 강조한다. 자기 기만과 자기 위선이 만연한 사회에서는 종교 없는 시대가 도래하게 될 것이다. 그것은 종교가 스스로 자기 기만과 자기 위선, 그리고 자기 절도와 자기 탈취로 인해서 타자에게 종교 없음 혹은 초월자의 없음을 증명하는 것이나 다름이 없기 때문이다. 함석헌은 이를 엄중하게 경고한다. 따라서 종교 간의 평화를 넘어서 비종교인과의 평화를 위해서는 자기 자신과의 평화가 중요한 당면과제가 된다.

자기 내면의 진정성과 평화가 선행되지 않은 상태에서 아무리 외부적인 관계의 평화를 외친다고 한들 어불성설이 될 것은 뻔한 이치다. 여기에다 종교적 아집과 사회와의 불통, 그리고 물질적 탐욕은 종교를 수렁에 빠뜨리는 악조건들이다. 이를 인식하지 못한 종교가 자기 이익을 위한 기도, 자기 영달을 위한 행위를 넘어서지 못하면서 정치, 미디어, 경제적 현실과 폭력적으로 맞서 싸운다면 종교 본연의 모습 또한 퇴색될 수밖에 없다.

함석헌은 간디의 사상을 들어 저항과 반항의 수단은 비폭력이어야 한다는 것을 역설한다. 게다가 사랑이라는 말만 가지고는 부족하다 하여 보편적인 개념, 탈종교적 개념인 '참'이라는 말로 강조할 것을 제안한다. 참의 실현은 탈종교적 세계를 지향한다. 함석헌이 무종교적 세계를 이야기한 것도 무(無), 즉 있음[有]의 상대적 개념으로서의 없음[無]의 의미를 말하려고 하는 것이 아니다. 종교를 넘어선 종교적 삶을 이야기하는 이른바 선험적인 의미로서의 trans[超/越]의 개념으로 봐야 할 것이다. 종교라고 하는 명명을 하면 종교 아닌 것과 또 종교적인 것들과의 차별, 구별이 발생한다. 보편적인 인식의 차원에서 보면 종교는 수평적 관계이고, 또 반드시 종교라고 명명되지 않더라도 종교성을 가진 철학이나 사상이 있을 수 있는데, 그것 역시도 '참'(참/쉼/ 그득 참, 하나 됨)의 지평에서 보면 크게 다르지 않다. 따라서 함석헌은 간디를 거론하면서, 그가 무신론자라고 하더라도 "하나님은 전능하시기 때문에 무신론도 될 수 있다"는 파격적인 견해를 내놓는다.

함석헌이 무신론과 유신론적 하나님을 등치시킨 것은 초월적 존재로서의 하나님은 고착화된 명명을 뛰어넘은 분이라는 것을 나타내고자 한 것이다. 함석헌의 무교회주의에서 무(無)의 개념은 (신앙의) '자유'를 의미한다. 참이 아닌 형식과 수단이 끼어들고 독선이 자리 잡은 종교에는 자유가 없다. 따라서 적어도 자유를 표방하는 종교인이 믿는 신이라면 무신론이니 유신론이니 하는 개념에 갇혀 있으면 안 되는 것이다. "새 것은 방안도 아니요, 노선도 아니요, 정신"이라는 말처럼, 모든 존재는 보편적인 정신에 의해서 판가름이 되어야 평화를 논할 수 있고 행동할 수 있다. 그런 면에서 함석헌은 합리주의적, 이성주의적 종교평화론자라고 말할 수 있겠다. 그의 종교평화론은 명명된 신을 넘어선 신을 지향한다. 그가 합리적이고 이성적으로 종교를 비판하고 신을 사유하더라도, 변할 수 없는 사실은 그것이 신의 부정이 아니라 자유로운 신과 그 신을 믿는 자율적인 인간을 강조하기 위한 것이라는 점이다. 그럼에도 여전히 종교가 강압적이고 독재적인 담론과 진리 생산을 하려고 한다면 종교 간의 평화, 비종교인과의 평화는 요원할 것이다.

우리가 기억할 것은 타자와의 종교적 평화를 구현하고 싶다면 자기 자신과의 평화를 먼저 실현해야 하고, 신의 명명은 곧 신을 유한한 존재로 한정짓는 것이기에 신중을 기해야 한다는 점이다. 그것으로 명명된 신과 그렇지 않은 신과의 긴장과 갈등은 결국 폭력으로 이어질 것이기 때문이다. 그러기에 종교 아닌 종교적 관념이나 이상을 넘어서서 보편적 인간 정신이나 개념으로 인식/정착될 수 있도록 종교를 무한히 열어놓아야 할 것이다. 그것이 종교/비종교 간의 평화를 가능하게 하는 또 하나의 길이 될 수 있기 때문이다.

2. 상대세계에 대한 저항

평화(平和)는 상대세계와의 불화(不和)이다. 평화는 현실 세계를 절대세계로 여기는 세력, 권력, 무력에 대한 저항이다. 다시 말해서 상대세계를 절대세계로 인식하고 믿는 것에 대해서, 현실세계는 상대세계라고 깨우치는 것이 평화이다. 상대세계인 현실이 어떤 국면을 절대적이라고 주장하는 폭력, 강제, 강요, 독단, 독재가 불화를 가지고 오기 때문에, 그것을 무화시키고 상대세계라고 계몽하며 저항하는 것이 평화이다.

함석헌은 이를 위해서 신앙본질주의를 이야기한다. 종교본질주의나 종교근본주의가 아닌 신앙본질주의라는 데에 주의해야 한다. 이것은 신앙의 생활화가 아니다. 생활이라는 것은 상대세계의 행위, 관념, 습관, 진리에 맞춰져 있기 때문이다. 그러므로 신앙이 생활이 되어야 한다는 논리는 틀린 것이다. 반대로 생활이 신앙이 되어야 한다. 지금의 종교는 신앙의 생활화를 외치기 때문에 탈종교적 변혁과 변화가 필요하다.

상대세계의 가치와 기준, 습관과 진리를 좇아가는 형국이 되어 있는 것은 오히려 절대세계를 가르치는 종교가 상대세계의 모든 행위를 인정하고 타협하는 것이나 다름이 없다. 부정이나 폭력, 강제와 억압, 부자유로 점철된 상대세계라 하더라도 종교의 순수 절대세계를 보류하게 되는 것이다. 따라서 현실세계에 평화를 가져오기 위해서는 상대세계의 절대화를 타파하는 노력이 필연적일 수밖에 없다. 함석헌은 그것을 위해서 예수와 같이 혁명하는 것임을 밝히고 있다. 종교가 예수의 혁명을 한다는 것은 상대세계를 부정하고 절대세계를 향해 나아간다는 것을 의미한다. 다시 말해서 새로운 종교의 형식을 구성하는 무리가 되는 것인데, 이는 다수파(major)가 아니라 소수파(minor)의 삶을 일컫는다. 예수 혁명을 하려고 하는 소수파의 성격은 상대세계에 대한 철저한 회의이며 그 고유한 행위의 동기는 살림에 있다. 살림은 마음 살림, 종교 살림, 환경 살림이어야 한다. 상대세계의 부당한 죽임의 문화가 가진 정치화된 체제는 반평화적, 반생명적일 수밖에 없다는 것은 자명하다. 여기에 맞서서 살림을 목적으로 하는 평화의 삶은 상대세계에 대한 끊임없는 거부, 즉 상대세계를 인정하는 종교를 넘어서려는 탈종교적 평화를 추구하는 삶이다.

이것은 물론 비폭력의 방법과 수단, 그리고 내용으로 해야 한다. 상대세계의 습관과 진리의식에 젖어 있는 종교는 병인의식, 병자의식에 사로잡혀 있다. 이들은 결코 혁명을 할 의지도 없으며 또한 혁명을 할 수 있는 힘도 없다. 상대세계의 정치화된 반평화적 체제에 물들어 있기 때문에 예수와 같은 혁명의 동인을 상실한 것이다. 함석헌은 상대세계의 고질적이고 이데올로기화되어 있는 종교적 이념에 기댈 것이 아니라 내면적 혁명을 해야 한다고 부르짖는다. 결국 상대세계의 폭력성, 진리의 폭압성에 대한 저항은 내면적 혁명, 즉 자기 속에서의 혁명이 일어나야 한다는 것이다.

상대세계를 절대화하는 인식과 고정된 진리관의 허위의식에 저항하기 위해서는 자기 자신의 내면에서부터 일어나는 혁명을 통해서 지금의 탈종교적 평화를 실현할 수 있다. 특히 그리스도교 국가를 비롯하여 여러 종교국가들이 저마다 자신들이 속해 있는 상대세계를 절대화하는 정치적 장치를 통해서 허위의, 가장된 평화를 운운하면서 이웃 국가에 대해서 전쟁을 불사하는 것은 종교의 자기 비판과 자기 반성이 결여된 이데올로기에 지나지 않는다. 종교의 친화력은 고사하고 상대세계를 절대화하는 종교절대주의로 치달아 함석헌이 말한 신앙본질주의에 입각한 절대세계의 구현의 자유와 정당성을 말살하려고 한다. 이는 마이너의 혁명 의지를 평화를 위한 폭력으로 미화하여 평화를 주관적으로 형상화하는 불구성(不具性)을 면치 못하게 된다.

탈종교적 평화의 목적은 세계를 살리자는 구원 작용과 장치에 있다. 탈종교적 평화를 위한 내면적 혁명의 기본은 하나님과의 완전한 일치, 즉 내 속과 하나님이 하나가 되는 이른바 정신적 나, 참 나를 기르는 일이다. 종교절대주의는 역설적이게도 상대세계를 절대화함으로써, 신과의 합일을 통한 정신적 참 나를 기르는 일을 등한히 한다. 이로 말미암아 민족주의나 국가주의를 옹호하는, 예수를 비롯한 종교 창교자의 의지와 반하는 반평화적 종교집단이 되는 것이다. 그러므로 탈종교적 공동체, 혹은 탈종교적 평화공동체는 구원을 위해서 자기 스스로 상대세계의 구원을 넘어서는 의지가 요구된다. 그는 상대세계의 공통감각적 세계가 아니라 절대세계의 공통감각적 세계를 지향하도록 함으로써 신앙 본질을 달리하도록 촉구한다.

함석헌은 절대세계의 공통감각적 삶의 전형적 양식을 퀘이커 공동체로부터 찾는다. 이른바 평화주의이다. "우리의 평화주의는 따로 떨어진 신앙이 아니다. 그것은 우리의 총체적인 신앙의 결과이다." 절대세계의 초월자는 결단코 이 세계가 파괴와 폭력,

갈등과 죽임의 현실이 되기를 바라지 않을 것이다. 이 세계의 모든 존재자들이 사물성으로 전락하는 것은 초월자의 뜻이 아니다. 따라서 상대세계의 탈종교적 평화는 종래의 이웃 의식을 탈피하는 데서 시작된다. 즉 모든 민족은 하나의 이웃이라는 세계 시민의식, 사해동포주의로 나아가야 한다. 상대세계의 종교는 자국의 이웃 관념, 더 협소하게는 같은 종교를 신앙하는 이들끼리의 이웃 관념에 사로잡혀 있다. 함석헌은 더 넓은 범주의 이웃 관념으로 확장시켜야 한다고 보는 것이다.

퀘이커(Quaker)의 창립자 조지 폭스(G. Fox)는 "모든 사람 속에 하나님의 품성이 깃들어 있다"고 함으로써 타자에 대한 평화적 존경심을 나타내었다. 이것은 비단 특정 종교에만 국한된 감성이 아니다. 범종교적 감성으로서 상대세계에 고착화된 종교적 절대주의의 신앙 감성과는 완전히 다르다. 오늘날 요구되는 평화적 감성은 탈종교적 평화라고 하는 이유가 여기에 있다.

탈종교적 평화는, 모든 개별적 존재자들은 고립되어 있거나 나와는 별개의 존재자들이 아니라 모두가 연결되어 있는 전체 생명의 일부분들이라는 인식에서 싹이 튼다. 종교는 다를지라도 타자 역시 동일한 이웃이라는 관념과 인식은 인간을 사물화하거나 소외시키는 것이 아니라 향후 구현해야 할 이상세계 혹은 절대세계의 같은 구성원이라는 것을 객관적이고 견고한 신탁으로 여기게 된다.

상대세계에 대한 구원과 평화의 순수한 직접성과 자발성은 타자에 대한 기존의 종교적 관념과 인식을 얼마나 극복하느냐에 달려 있다고 해도 과언은 아닐 것이다. 더불어 그렇기 때문에 상대세계를 절대화하려는 종교의 정치화와 정치화된 체제 집단에 대한 비판적 통찰이 있어야만 한다. 그럼으로써 가장된 반평화적 종교 집단의 규정되고 화석화된 형식에 저항·대항하는 혁명적 앙가주망(사회참여, Engagement)이 평화를 앞당길 수 있을 것이다.

3. 무교회주의와 무(無)에 대한 해석학적 평화

"신앙은 힘이다. 말이 아니다. 생각이 아니다. 사상이 아니다. 지식이 아니다. 이론도 아니고 학설도 아니다. 술(術)도 아니요 방편도 아니다. 신앙은 힘이다. 살리는 힘이다." - 함석헌

함석헌은 한국의 종교계(특히 프로테스탄트)에서 무교회주의자로 낙인이 찍혀 있다. 그 결과로 함석헌을 논하면 반교회주의자나 반성직주의자로 의심하고, 심지어 무신론자로까지 확장시켜서 폄훼하는 것 같다. 그러나 정작 함석헌이 말하는 '무'(無)에 대한 엄밀한 해석을 시도한 적이 있는가를 먼저 반성해야 한다. 왜 그가 그리스도교적인 신앙 이력을 갖고서도 '무'교회주의를 외칠 수밖에 없었을까, 하는 물음을 던져야 그를 정당하게 평가할 수 있을 것이다. 이는 교회절대주의자들이나 종교절대주의자들이 함석헌이 말하는 무(無)를 유(有)의 상대적 개념으로만 인식했기 때문이다. 여기에 더하여 종교와 종교 사이의 차이에 대한 이

해가 부족하며 무를 이야기하는 모든 종교공동체에 대해서는 아예 종교로 취급하지 않으려는 경향이 강하게 자리 잡고 있는 것이 개신교계의 현실이다. 불교는 말할 것도 없고 유교와 같은 전통 신앙적 종교와 사상적 실천 전통에 대해 유신론이라는 범주바깥의 대상으로 인식하고 신 없음[無]의 종교로 폄하하곤 한다.

함석헌의 무교회주의에 대해서 민감하게 반응하는 종교 집단을 보면, 신의 부재는 상상할 수 없는 것이기에 신의 존재성을 확보하고 알리는 이른바 교회당, 성당 같은 유형적 건물도 반드시 존재해야 한다고 생각한다. 교회당, 성당 등은 신의 존재와 현존을 드러내는 공간이자 특수한 장소라고 보기 때문이다. 따라서 함석헌을 비판하는 사람들에게 무교회주의는 바로 신의 있음과 그 있음의 항상적 공간에 대한 부정일 뿐만 아니라 그 신의 있음을 의례적으로 표현하는 성직자의 '필연적 있음' 또한 거부하는 위험천만의 주장이라고 볼 수 있다.

이렇듯 무에 대한 편협하고 일방적인 해석과 인식은 함석헌 또는 무교회주의에 폭력적으로 다가온다. 좀더 비판적으로 들여다보면 무교회주의를 이단시하는 종교 집단의 입장에서는 함석헌의 태도를 신의 있음을 언어로써 전달할 뿐만 아니라 신의 있음의 상징적 권력 공간(교회당, 성당)을 장악하고 지배하고자 하는 성직주의에 대한 도전이라고 받아들이는 듯하다. 다시 말해서 함석헌의 무는 바로 성직주의의 절대적 존재(있음; 有) 인식에 대한 공격인 셈이다.

물론 그렇게 받아들일 여지는 얼마든지 있다. 그렇다면 오히려 함석헌의 다음과 같은 말에 대해 반성의 고삐를 늦추지 말아야 한다. "오늘날은 옛날과 달리 선생은 또 목사까지도 하나의 제도화된 속에서 자격을 갖게 됩니다. 그러면 참다운 교육의 또 종교의 지도자가 없는 것이 커다란 문제입니다." 그러므로 유(有)에 대한 절대화에 몰두하여 함석헌의 진의를 매도한다면 이웃종교와의 대화와 환대, 그리고 동등한 종교 공동체라는 인식은 거의 불가능하다고 봐야 할 것이다.

함석헌은 종교적 본질주의자가 아니라 신앙적 본질주의자라는 것은 확실하다. 다시말해 그는 종교적 신앙이 없다는 것이 아니라, 체제적이고 제도적인 해석으로 포장된 하나님이 아니라 원본적인 하나님을 알기 원하는 사람이다. "그러니 종교와 진리를 바꾸지 않는 사람이 종교를 가진 사람이요, 진리와 생명을 바꾸지 않는 사람이 진리를 아는 사람이요, 생명과 하나님을 바꾸지 않는 사람이 진리를 아는 사람이다. 그것은 종교가 아무리 소중해도 진리 위한 종교요, 진리가 아무리 귀해도 생명 위한 진리요, 생명이 아무리 커도 하나님이 있고서야 있는 생명이기 때문이다. 하나님은 그를 위하여는 일체를 버려야 하는 분이다. 터럭 끝만큼이라도 그 위에 두는 것이 있으면 하나님은 아니다. 그는 하나님 모르는 이다. 그리고 일체를 다 버리면 무밖에 될 것 없다. 하나님은 하나님을 버린 지경이다. 하나님에 달라붙어 있는 자는 하나님 모른다." 함석헌의 말이다.

하나님을 위해서 하나님 자신을 버린다, 하나님을 알기 위해서는 하나님을 버려야 한다는 함석헌의 논리는 중세 신비주의 철학자 마이스터 에크하르트(M. Eckhart)와 닮아 있다. 그는 신을 알기 위해서 신조차도 가지면 안 된다고 생각함으로써, 소유구조(Haben Struktur) 자체를 완전히 포기할 것을 주장한 설교가이다. 현대 가톨릭 영성가 토머스 머튼(Thomas Merton)도 다음과 같이 말한다. "'세상'이라는 표현은 이 세상의 사(事)와 물(物)들을 사랑하는 사람을 의미한다." 따라서 신(하나님)에 대한 상이나 관념, 편견이나 선입견, 인식과 지식까지도 다 방기(放棄)할 때 비로소 신을 만나게 된다는 것이다.

무는 절대적 부재와 존재에 대한 거부를 나타내는 말이 아니다. 무(無)는 '없음'의 의미 이외에 '금지'의 뜻도 품고 있다. 제도적, 체제적, 교리적, 조직적 종교에서 말하는 유형적 가짐(소유)

함석헌이 제안하는 자기 희생적 사랑과 비폭력은 이론적 평화 담론이 아니라 실천적 담론이라는 점을 명심해야 한다. "폭력에는 끝이있다. 반드시 있다. 그러나 사랑엔 끝이 없다. 끝없이 하므로 사랑이다. 폭력은 당장 알아보게 효과가 있다. 그러나 있기 때문에 없어지고야 만다. 사랑은 뵈지 않는다. 없다. 그러나 없으므로 결코 없어지지 않는다." 함석헌의 말이다.

이 가능한 신은 존재하지 않는다. 그와 같은 언어를 사용하는 종단이나 종교 지도자는 신을 잘못 알고 있는 것이다. 제도와 체제를 유지하기 위해서, 조직을 견고하게 존속하기 위해서 있음을 자의적으로 해석하는 경우에 신조차도 인간의 자의대로 소유 가능한 존재로 호도할 수 있다. 함석헌은 그것을 거부하는 금지의 의미, 혹은 그런 신은 존재하지 않는다는 의미로 무, 무교회주의를 선언하는 것이다.

소유할 수 있는 신은 집착과 애착, 고착, 패착(敗着)이 되어 경쟁과 쟁투, 비방과 폭력, 우열과 억압이 난무하면서 이웃종교나 비종교인에 대한 평화적 관계를 쌓을 수 없다. 없음이라는 절대적 부재에 놓여 있는 이웃종교나 비종교인은 절대적 존재, 곧 있음의 근원이 되는 종교나 있음 그 자체를 받아들여야 하는 선교의 대상으로 전락하고 만다. 이웃종교나 비종교인은 있음 그 자체를 소유하고 있지 않다고 보기 때문이다. 소유 가능한 신은 누누이 말하지만, 사물성으로 전락하고 만다. 사물성의 신으로 퇴락하는 것을 미연에 방지하기 위해서 함석헌은 무라고 하는 경계, 한계 지을 수 없는 개념으로 무한히 열어 놓고 있는 것이다. 파리대학 철학과 교수 피에르 부르딜(Pierre Y. Bourdil)이 말하듯이, "진리는 진리만을 생각한다. 참이 될 생각만 한다. 진리가 확립하지 않은 것은 모조리 밀어내서 존재하지 않도록, 아예 존재한 적이 없게 할 생각만 한다. 진리의 세계에서 자리를 찾지 못한 사람은 어느 세계에도 자리가 없다."

있음이 절대적 진리라고 믿는 사람은 없음을 진리 아닌 것으로 배제시키고 배타적 사물 영역으로 추방한다. 반면에 무는 '절대의 자유'와 '절대의 삶'의 축약어라고 해도 좋을 것이다. 인간이 종교를 갖는 이유는 절대적 자유와 절대적 삶이라는 목적을 성취하기 위해서이다. 모든 종교의 내면적 평화는 절대적 자유요, 외면적 평화는 절대적 삶이라고 한다면, 그것을 방해하고 억압하는 종교, 성직자라 하여서 자신의 교리와 해석을 주입하려는 종교는 종교인들에게 궁극적인 평화를 안겨줄 수가 없다.

무는 '같이 살기' 혹은 '더불어 살기'와 다른 말이 아니다. 무는 1차원적 해석학을 넘어서 '보편성', '사상의 태동'으로서의 가능성이지, 이것이다 혹은 저것이다(either-or)의 양자택일의 개념이 아니다. 그것은 백성의 마음을 전체로 생각하는 것이다. 전체만이 삶이고 종교이다. 편을 가르고 양자택일을 하는 상대적 부정이 무가 아니다. 함석헌은 그와 같은 상대적 부정이 아니라 절대적 부정을 논한다. 같이 삶, 더불어 삶만이 종교의 진리이자 교회의 진리여야 한다. 이웃이 종교인이든 비종교인이든 관계없이 있음의 상대로서의 없음으로 간주하는 것이 아니라 나와 다름이 없음으로 인정해야 한다. 그들이 사랑의 대상으로서의 전체에 포함되지 않는 종교는 사실상의 없음이나 다름이 없다. 그리고 그와 같은 종교 지도자도 절대적 부재에 속하는 것이다. 무가 그렇게 이웃 사랑에 대해서 아무런 사상을 갖고 있지 않다면 종교주의, 교회주의는 아무 소용이 없다.

이웃과의 평화는 윤리적 과제임을 명시적으로 얘기한 함석헌의 논조로 볼 때, 그와 같은 전체 민중을 포괄하지 못하는 종교가 과연 설득력이 있는가를 비판적으로 꼬집었다고 생각해야 한다. 단순히 무가 초월자, 성전, 그리고 성직자의 조직화, 제도화, 체제화, 교리화의 반대라는 생각은 올바르지 않다. 무에 대한 이러한 반실재론적 해석, 즉 무가 무조건적인 상실과 소멸의 비존재를 의미하는 것으로 본다면, 이는 함석헌의 진의를 왜곡한 것이다. 따라서 무가 지시하는 의미를 좀더 유연하게 이해하고 서술해 나간다면, 무교회주의라는 이상 언어(理想 言語)가 결국 종교 간의 평화, 비종교인과의 평화, 곧 더불어 살기, 같이 살기와 동일한 언어라는 것을 깨닫게 될 것이다.

"예수의 종교는 두 겨냥을 가진 종교다. 하나님을 사랑하고, 이웃을 나로 사랑하고, 그리고 이웃은 내게 좋은 자만이 아니고

저 인생 온통이다." 이보다 더 예수의 복음에 충실한 해석학적 발언이 어디 있는가? 함석헌의 이런 목소리를 들어도 과연 그가 단순히 무교회주의자이니 기성 종교나 교회에 해를 입히는 자라 여길 것인가? 그런 사람이야말로 예수의 사랑타령에 반하는 종교인이요 반평화론자라 해도 지나친 말은 아닐 것이다. 함석헌은 "같이 삶만이 삶이다. 공존만이 생존이다"라고 말하면서 평화의 길을 제시하였다. 이웃사랑을 통째로 하는 것 말고 도대체 종교 평화의 지름길이 어디 있단 말인가.

제4장

함석헌의 생태평화론:
탈인종적 ·
탈인간중심적 평화

1. 자연, 그 둘러-있음의-세계와 평화

지금까지 서구 학문과 역사는 중심(center/Zentrum)이 누구인가 혹은 중심은 무엇인가에 대한 논의에서 인간을 항상 중심에도 놓고 전개되어 왔다. 그런데 center라는 말을 중심, 중앙이라 번역을 하지만, 한자어로 볼 때 마음이 어디에도 치우치지 않고 가운데에 있다는 의미가 강하다. 이는 마음의 자리가 어디인가, 하는 문제이지 우주에서 인간의 위치가 어디인가, 하는 물음의 해답과는 사뭇 다르다. 중심은 사실 고정된 위치나 자리가 아니다. 그렇다고 무슨 지배와 계급의 실제적, 지리적 장소나 공간을 의미하는 것도 아니다. 중심은 오히려 배분이나 조정의 상징적 자리이지 결코 기준이나 표준, 또는 바로 그곳에서 모든 생명과 사물이 시작되어야 하는 근원적인 점유지가 아니다.

마음과 정신이 머물러야 하는 곳은 자신, 즉 무생물/생물이 생명 활동을 하고 있는 곳이어야 한다. 따라서 반드시 인간이 한가운데를 점령하고 모든 그 밖의 생명 개체들을 주변화한다는 것은 있을 수 없는 일이다. 독일어의 umwelt(환경)에서 um(~주위에)이 둘레나 주변을 뜻한다고 해서, 인간 이외의 타자로서의 생명은 주변화하고 소외시켜도 된다는 것은 결코 아니다. 생태계의 평화, 자연의 평화, 생명의 평화, 우주의 평화는 '나'라는 인간을 중심으로 한 모든 존재자들을 주변화해서는 이루어질 수가 없다. 평화는 중심과 주변이 따로 있지 않다. 자신의 생명적 마음과 정신, 감성이 머무는 곳이라면 그곳이 바로 중심이면서 타자와 공존하는 평등한 자리인 것이다.

그렇게 자연 안에 있는 모든 존재자들은 생명적 세계(welt)를 위하여(um) 서로 공생한다. 위하여 있다는 것은 작위적이고 인공적인 세계를 만들기 위해서가 아니라 자연스러움, 자연적 세계를 위해서 있다는 것을 뜻한다. 함께 있는 것, 더불어 있는 것이 자연스러움이고, 인간의 지배적 자리만을 탐을 내어서 인위의 세계를 만드는 것은 반생명적, 반평화적 행위이다. 아도르노(Th. W. Adorno)는 "인간화를 통해서야 비로소 인간의 자연 지배가 자연에서 떠나는 정당성을 자연에게 주는 것"이라고 말한다. 자연의 인간화라는 것은 문제를 야기한 도구적 이성을 지닌 인간의 본성을 말하는 것이 아니다. 본래의 인간은 자연과 조화를 이루는 인간이다.

조화는 타자의 고통을 연민하는 사랑의 상호 일치라고 말한 아도르노의 주장은, 인간 본성이 자연을 닮은 것임을 설파한 것이다. 여기서 자연과 인간의 공존적, 상보적 관계를 깨닫기 위해서 함석헌의 문제의식에 동조해야 할 것 같다. "평화란 문제는 평상 하나님에게까지 가는 거"라는 그의 논리는 인간과 자연의 동근원적 평화의 관계는 신으로부터 부여 받은 관계라는 인식을 요청하는 말이라고 볼 수 있다. 따라서 자연과 인간의 생명적 평화는 존재의 근원에서부터 평등하게 파생된 것, 근원적 존재가 직접 부여한 것이라는 인식이 없다면 인간만을 위한 평화, 자연을 소외시키는 평화, 이웃 생명체를 배제시킨 채 규정된 이기적인 평화가 쉽사리 횡행하게 되는 것이다. 그러므로 굳이 center가 있어야 한다면 신만이 중심이 될 수 있을 것이므로, 범신론적 입장을 빌린다면, 신이 존재하는 곳, 신이 깃들어 있는 곳이라면 그곳이 어디든지 중심이라고 봐야 한다.

마르틴 하이데거(M. Heidegger)의 근본적인 비판은 바로 여기서 시작된다. 그에 따르면 자연을 뜻하는 그리스어 피지스(physis)는 존재(sein) 그 스스로가 열어 보인 하늘, 땅, 돌멩이, 초목들, 짐승들, 인간의 역사, 신들 자신을 의미한다. 그런데 라틴어의 natur로 번역되면서 "그 전체로서의 있는 것 그대로"(Das

Seiende als solches im Ganzen)의 피지스에 대한 그리스 철학은 마치 원시적인 것처럼 되어 버렸다고 본다. 게다가 피지스는 급기야 물리적 세계나 물리적인 것(Physischen)으로 축소되었다고 지적한다. 이러한 견해를 간파한 듯 함석헌은 신의 편만함을 다음과 같이 말한다. "몸이 살아가는 데 대기가 결정적인 요소가 되듯이, 사회가 되어 가는 데도 정신적 대기가 필요하다. 이것은 우주를 꿰뚫는 영기다. 하나님의 성령이다, 혹은 천지정기라, 혹은 호연지기(浩然之氣)라 부르는 것이다. 사회란 우주영기(宇宙靈氣)의 인간적 나타남이다." 따라서 우주, 인위적 세계와 하나님의 정신은 서로 맞닿아 있는 것이다.

함석헌은 이 창조적 사건이 새로운 자유의 생명적 역사가 된 것으로 설명한다. 생명은 자유하는 생명이다. 모든 생명은 자유로운 존재자들이다. "자유야말로 생명의 근본 바탈이다." 종(種)의 억압, 지배, 자연에 대한 폭력과 탈취는 우주의 기운을 망각하는 것이고 그들을 구속하는 것이다. 자유는 인간의 바탈일 뿐만 아니라 모든 존재자들의 바탈로 인정해야 한다. 이른바 생명적 저항이다. 이 생명적 저항은 중심의 해체에서 시작되며, 동시에 평화도 중심의 해체에서 시작된다. 세계의 평화뿐만 아니라 우주의 평화는 탈인간중심주의, 탈인종중심주의로의 전환이 이루어질 때 가능하다.

함석헌의 중심해체론은 다음과 같은 논조에서도 읽을 수 있다. "우리는 제(자기)가 중심이기도 하지만 또 전체가 나와 아무 상관이 없고 나를 위협하는 때에 사람은 살 수 없다. 그러므로 사람은 나와 세계 사이에 산 관련이 있는 것을 안 후에, 즉 나와 세계와 하나인 것을 안 후에야 비로소 안심할 수 있다." 독일의 사회학자 니클라스 루만(Niklas Luhmann)이 지적하듯이, Umwelt 가 '19세기의 향수병'이라면 그 병리에 기초한 세계관을 여전히 환경의 규칙으로 삼을 수는 없다. 중심과 변방을 운운하는 인간중심주의에서 벗어나야만 자연과 인간의 평화가 정착될 수 있다.

그렇다면 이와 같은 병리적 인간중심적 규칙을 벗어나서 우주적 평화를 가져올 수 있는 방법은 무엇인가? 함석헌은 "이 우주는 한 뜻이 나타난 것이라는 생각"을 가져야 한다고 역설한다. 환경세계는 인간의 생활세계와 중첩될 뿐만 아니라 동시에 우주적 체계 혹은 우주적 세계 안에 있다고 볼 수 있다. 하나의 뜻이 생명에 기초하고 있다고 해도 좋고, 유신론적 입장에서 신이라고 해도 좋으나 중요한 것은 모든 생명체가 하나의 근원에서 비롯되었다는 점을 부각시킨다는 점이다. 그래서 그는 간디의 영향을 받아 아힘사(ahimsa), 즉 불살생을 주창한다. 살아 있는 생명체이건 비생명체적인 물건이건 살생하지 말아야 한다. 여기서의 살생은 의도적이고 이기적인 살생을 의미한다. 만일 생태적 의식을 가지고 있다면 생명체에 대한 경제적 가치나 화폐 메커니즘에 따른 단순한 살생은 감소시킬 수가 있을 것이다. 그러므로 '생명에의 경외'를 새로운 생명적 규칙으로서의 윤리적, 도덕적 세계관으로 재정립할 수도 있다.

슈바이처(A. Schweitzer)는 "윤리적이 된다는 것은 정직하게 사유하게 된다는 뜻이다. 생명을 보존하고 촉진하는 일은 선이다. 생명을 부정하고 방해하는 일은 악이다. 윤리는 모든 생명체에 대해 한없이 확장되는 책임이다"라고 말한다. 이러한 논리에 기초한다면, 그것이 무엇이든 생명체를 도구화하는 것은 생태적 평화와는 거리가 멀다.

적어도 생태적 이성을 가진 인간이라면 타인이든 타자든 생명체의 살생에 의한 무분별한 도구나 수단으로 전락한 생태적 폭력(붉은 것들에 대해)에 대해서 생태적으로(녹색으로) 저항해야 한다. 생명에의 경외와 생태적 두려움을 맞바꿀 수는 없다. 전자는 평화로 이어지지만, 후자는 폭력으로 나타날 수가 있기 때문이다. 자연 체계, 혹은 우주적 체계의 힘에 대한 인간의 두려움을 극복하기 위해서 나타난 것이 결국 생태적 폭력과 지배였다. 그러나 이제는 그 두려움의 근원이 어디서 비롯되는가를 인식하고, 그것이 곧 자신에게 위협을 가하거나 위험한 것을 감각하는 자연체계가 작동하는 저항이라는 것을 깨달아야 한다. 그럼으로써 인간은 불가항력적으로 직접적인 두려움을 불러일으키는 자연과 더불어 도덕적 성찰공동체(윤리적 관찰공동체)를 지향하는 새로운 생명체계와 생명평화체계의 구축을 시도해야 할 것이다.

2. 생태적 평화를 위한 상호관찰자로서의 자연과 정신

"푸름은 생명의 빛이요, 평화의 빛이다." - 함석헌

우리는 '자연을 개발한다', 혹은 '환경을 개발한다'는 논리 이전에 정신평화를 먼저 생각해야 한다. 한국의 근대 경제개발 과정에서 자연을 수단으로 이용하면서 그것의 근간이 되는 정신운동을 간과했다는 것이 함석헌의 날선 비판이다. 민중의 자연화, 정신화, 생명화는 이 땅의 햇빛, 공기, 물, 흙에서 비롯된 것이 아니던가. 민중의 정신과 생명은 곧 자연과 불가분리의 관계에 있다는 것은 과언이 아니다. 함석헌은 "인심이 황폐해지지 않고 국토가 황폐해질 리 없다"고 말하면서 정신이 먼저여야 한다고 단언한다. 다시 말해서 마음에다 '평화의 조림, 생명의 조림'을 해야 한다. 이것은 정신이 자연을 관찰하고, 자연은 정신을 관찰하는 이른바 시각적 사유를 통한 지금 여기에 있음을 서로 알아차리는 것이다. 여기에는 상호 신뢰의 감정이 부드럽게 흐르는 교감이 선행되어야 한다.

감정이 물 흐르듯이 흐르지 못하고 꽉 막힌 것을 감정정체 (Gefühls-Stau)라고 하는데, 지금 사회 생태계나 자연 생태계, 그리고 인간과의 관계의 문제는 바로 이 감정정체로 인해서 발생한다고 볼 수 있다. 더 나아가 이와 같은 타자의 생명체와의 감정적 장애, 정서적 장애는 정신정체, 사유정체에까지도 영향을 미치는 것이다. 관찰의 주체와 객체가 따로 있지 않고 동일한 맥락 안에서 서로 바라보는 상대방이 지금 여기에 있음을 느끼는 감정은 단순한 관찰이 아니라 정신과 자연의 평화적 시선을 의미한다. "숲이 우거질수록 점점 더 기후가 온화하고 윤택해 가고, 나무를 벨수록 더욱 더 메마르고 사나와진다. 우리 정신도 마찬가지다. 머리 위의 저 푸른 하늘은 우리 정신의 숲이다." 함석헌이 이러한 말도 인간과 자연의 상호 주체성을 넘어서 우주적 감성을 통한 상호부조, 상호상존의 규범을 의미하는 미학적 판단력과 인식에서 기인한다.

인간은 진화의 정점에 서 있는 존재로서 책임의식과 윤리의식을 가져야 한다. "만물은 이용해 먹기 위한 것만 아니다. 대접하고 생각하여 깨달아야 하는 하나님의 사자요 편지다. 그러므로 돌보고 보호한다는 정신으로 대하여야 한다. 그렇다면 얼마나 다른 문화가 나올까? 평화주의는 이제 긴급한 문제다. 남의 생명을 먹고야 사는 이 생명일 수 없다. 남 죽이지 않고 나 스스로 사는 것이 영이다. 하나님은, 즉 진화의 목표는 영이다. 영이 되기 위해 불살생을 연습해야 한다." 이 불살생의 토대는 무엇일까? 니클라스 루만(Niklas Luhmann)은 "어떤 사고가 올바른 사고가 되는 것은 객체가 주는 인상에 고통을 받는 것"이라고 말하면서 아리스토텔레스의 pathemata(필자주: 번역하기 어려운 용어로서, 무차별적인 격정적 사건들 혹은 그에 따른 신체의 감각적인 고통을 일컬음)를 제안한다. 이 말은 '타자에 대한 감각적인 공통의 연민'(compassion)으로 해석할 수 있다.

더불어 니클라스 루만은 '체계이론'(Systemtheorie)을 통하여 관찰(Beobachtung)이라는 흥미로운 설명을 내놓았다. 자기 자신을 관찰하는 자기 관찰자와 다른 체계가 스스로를 관찰한다는 것을 인지하는 타자관찰자로 등장한다는 것이다. 그런데 자기 관찰자와 타자관찰자가 명확하게 구분될 수 있는 것일까? 니클라스 루만은 주체로서의 관찰자와 객체로서의 관찰자가 구분된다는 주장에 의문을 품는다. 관찰자 역시 하나의 장에서 보면 물리적 존재, 생명체적 존재, 학문과 사회적 활동을 하는 존재, 커뮤니케이션을 해야 하는 존재 등 참여하는 존재자가 될 수밖에 없기 때문이다. 참여한다는 것은 관찰자이면서 관찰되는 존재가 된다는 것을 뜻한다고 볼 때, 둘 사이의 명확한 구별은 불가능하다는 것이다. 따라서 관찰되는 존재는 물리학적으로 기능하든, 생물학적으로 기능하든 생명체라고 인식해야 한다고 주장한다. 어쩌면 자연도 체계, 즉 생명체계라는 현상 속에서 이해해야 할지 모른다. 체계이론은 바로 "자기 스스로 관찰하고, 자기생산적이며(Autopoiesis), 재귀적인 메커니즘, 즉 고유한 지적 역동성을 발휘하는 체계"라는 차원에서 볼 때, 체계는 자기 조직(Selbstorganisation)과 자기생산(Autopoiesis)이라는 고유의 작동을 가진 모든 것에 존재하며, 따라서 자연체계, 생명체계라는 말도 가능할 것이다.

앞에서 말한 것처럼, 관찰하는 자와 관찰되는 자는 분리되지 않는다. 자연의 생명적 존재자들이 볼 때 인간도 관찰의 대상이고, 인간의 관찰의 대상인 자연의 동식물, 흙, 바람, 물, 햇빛조차도 관찰 주체로서의 인지적 생명체이다. 그런 의미에서 인간과 자연은 '상호관찰자'라고 말할 수 있다. 상호관찰이라는 관점에 서면 대상을 바라보는 절대적 지평이 존재하지 않는다. 타자의 지평을 자신의 지평으로 인식하고 자신의 지평을 타자의 지평으로 노출시켜 준거의 절대성을 상대화하는 관찰 지평으로 재구축(탈구축)한다. 관찰하는 자와 관찰되는 자, 어느 누구도 관찰의 헤게모니를 독점하여 관찰과 시선의 폭력을 행사하지 못하도록 하는 것이다. 이처럼 생활세계의 식민지화(J. Habermas)뿐만 아니라 자연세계의 식민지화를 극복하기 위한 준거의 해체 또는 시점의 해체가 자연의 평화를 가능하게 한다. "한 개 한 개의 생명은 다 우주적 큰 생명의 나타난 것이다. 다 하나님의 말씀이다. 그것은 우리 몸의 한 부분이다. 작게 보니 너와 나지, 크게 보면 너와 나가 없다." 함석헌의 말이다.

자연은 타자 준거와 자기 준거의 상호작용 속에서 이루어지는 주체적 생명 활동의 장이다. 타자 준거와 자기 준거는 자연이라는 전체의 체계 안에서 평화적 시선이 작동할 때 주체와 대상의 경계를 넘어서게 된다. um(주변; 둘레)의 경계성을 강화하면 할수록 um과 zentrum(중심, center) 사이에 자연스럽게 배타적 준거가 설정되고 동등한 생명적 지평으로 인식하지 않게 된다. 따라서 um은 모든 생명체가 동일한 생명적 지평으로 나아가야 하는 세계이지, 결코 경계적 개념이 될 수 없다. 한 개로서의 생명, 전체로서의 생명, 우주적 큰 생명이라는 함석헌의 환경철학적 인식은 모든 생명체가 하나의 몸으로서의 체계로 서로 연결되어 있음을 간파한 것이다. 이로써 우리는 생태 문제에 대한 평화적 행동 방식이 서로 관찰자로서의 준거 가능성을 지닌 동등한 생명체라고 인식하는 데서 시작된다는 것을 알게 된다. 이는 생태적 위기에서 생태적 평화로의 전환을 꾀하는 이른바 생태의식과, 준거와 준거 사이의 생태적 커뮤니케이션이 절실하게 요구되는 이유이기도 하다.

3. 몸으로서의 전체인 우주의 평화

"사람은 자연의 아들이란 말이 있다." 함석헌의 이 같은 말은 사회나 자본의 위계 구조, 서열화를 통해서 우열이 확정되어 지배와 피지배가 고착되는 것이 생태계의 본질이 아니라는 것을 방증한다. 이와 마찬가지 입장을 취하는 머레이 북친(M. Bookchin)은 에코 아나키스트요 사회생태론자이다. 그는 아나키즘에 토대를 두고 '자유 지상적 사회생태주의'(libertarian social ecology)를 주창한다. 이는 아나키즘이 추구하는 인간의 절대적 자유가 중요한 만큼, 사회 속에서 인간에 의한 인간의 지배가 자연의 지배로 이행되는 것을 반대하고 생명체의 수평적 관계를 강조한다. 이는 우리의 몸이 계층, 계급, 서열, 지배와는 무관한 평등한 기능이 총합되어 유기적으로 작동되는 생명체라는 점과도 통한다.

생명체의 평등성 혹은 우주 세계의 평등한 생명성의 의의에 대한 인식은 함석헌의 생태적 평화 개념인 불살생 이념에서도

함석헌은 역설한다. "생명은 지속이다. 끊이지 않고, 끊어졌다가도 다시 잇는 것이 생명이다. 또 한번 해보는 것이 생명이다." 몸으로서의 우주와 몸과 연계된 정신은 인간의 도시 생활세계의 반생태적 제국주의나, 경쟁과 착취와 소비를 조장하는 자본주의, 그리고 타자에 대한 배려가 없는 이기주의와는 다른 생명체 구조로 되어 있다. 그래서 모두가 한 개의 생명체로서 공경과 존중을 받아야 한다.

나타난다. 생명의 돌봄과 보호가 생태적 평화를 위한 근원적 행동이어야 하지 자연의 생명을 도구와 수단으로 여기면 안 된다. "평화주의는 이제 긴급한 문제다. 남의 생명을 먹고야 사는 이 생명일 수 없다"는 함석헌의 말은 자연이 인간의 경제활동과 생명 유지를 위한 도구라는 인식을 경계할 것을 적시한 것이다. 이 것은 자연과 인간이 무경계적 관계에 있음을 의미한다. 인간의 종과 자연의 생태계가 서로 다르다는 차별의식에서 벗어나야 한 다. 인간과 자연의 생명체는 같은 우주적 몸으로서의 생명체에서 파생된 존재들이다. 따라서 함석헌이 '몸을 정신의 집이요 하나님의 성전'으로 인식하고 정신과 자연 생명체가 서로 불가분의 관계라고 말하는 것은 우주적 몸의 일부분으로서의 인간과 자연이 평화로운 관계로 나아가야 함을 강조하는 것이다. "몸[全心]이 몸[全體] 안 전체에 있고 몸[全體]이 몸[全心] 안에 '있음'이다. 전심은 나요, 전체는 님이다. 내가 하나님 안에 있고, 하나님이 내 안에 '있음'이다." 이렇듯 몸과 나, 그리고 자연과 하나님과의 관계가 전부 일체가 되어 있다. 몸의 확장으로서의 자연과 우주의 중심은 나의 몸이라면 몸을 공경함은 곧 우주를 외경함이다.

인간 혁명은 인식의 혁명이요 나아가 자연인식의 혁명이다. 자연인식의 혁명은 결국 우주의 생명 혁명으로 이어질 수 있다.

함석헌이 이렇게 말할 수 있는 배경에는 민중주의(democracy)에 대한 소신이 자리하고 있다. 그는 민중주의가 타자의 몸 돌봄, 타자에 대한 환대에서 출발한다고 주장한다. 민중주의는 타자를 종으로 부리는 것을 거부한다. 그가 공간을 통한 지배와 피지배의 관계가 적나라하게 나타나는 도시문명사회를 비판하는 것도 그런 맥락에서 이해할 수 있다. 도시는 제국주의, 자본주의, 독재주의의 온상과도 같다. 그 공간정치는 협조, 협화, 조화, 겸손, 그리고 자유나 평화와는 거리가 멀다. 공간정치의 상징인 도시는 착취하고 교만하고 경쟁적이고 반자연적이다. 이를 극복하기 위해서는 생명적 평화사회로 방향을 선회하고 장소(공간)를 이전 내지 개편해야 한다.

함석헌은 역설한다. "생명은 지속이다. 끊이지 않고, 끊어졌다가도 다시 잇는 것이 생명이다. 또 한번 해보는 것이 생명이다." 몸으로서의 우주와 몸과 연계된 정신은 인간의 도시 생활세계의 반생태적 제국주의나, 경쟁과 착취와 소비를 조장하는 자본주의, 그리고 타자에 대한 배려가 없는 이기주의와는 다른 생명체 구조로 되어 있다. 그래서 모두가 한 개의 생명체로서 공경과 존중을 받아야 한다. 여기에서 인간의 혁명, 생명의 혁명이 일어날 수가 있다. 한 걸음 더 나아가서 이러한 타자에 대한 배려는 민중주의에서 생태주의, 그리고 몸으로서의 우주와의 평화를 고려하는 '소마토크러시'(somatocracy), 곧 '몸생명체주의'로의 이념과 행동 변화가 일어나야 한다.

선진국이라고 하는 국가일수록 일찍부터 자연을 독점하려고 하였고, 일부 국가와 세력의 자연 독점과 착취는 제3세계 국가의 자연의 황폐화를 가져왔다. 학자들은 자연의 공유니 나눔이니 하는 말로 다시 유연하고 유보적인 해석을 하면서 현재의 자본주의 경제 발전의 지속성을 유지하기 위해서 독점적 이용을 정당화하려는 안일한 태도를 보인다. 하지만 공유라는 말로 소유를 사적으로 하지 말고 공적으로 하자는 논리를 펴지만 이는 그동안 선점해 온 자연에 대한 지배력을 놓지 않겠다는 욕심을 미화하는 꼼수에 불과하다. 게다가 공유라는 말을 달리 나눔이라는 개념으로 풀면 마치 지구에 있는 모든 민중들이 각기 자연을 통하여 평등한 분배를 받거나 삶의 욕구를 충족할 수 있다는 환상을 심어주기에 알맞다.

그에 앞서 자연을 삶의 근본 토대로 놓고 먼저 자연과의 평화를 이루지 않고서는 인간과 인간의 평등하고 행복한 삶은 불가능하다는 것을 분명하게 인식해야 한다. 이는 자연에 대한 인식의 전환만이 영토적 국가의 존속과 개별자로서의 민중의 생명을 지탱할 수 있는 길이라는 것을 뜻한다. 좀더 적극적인 의미에서는 자연이라는 존재는 공유니 나눔이니 하는, 할당하고 배분할 수 있는 사물과 대상인 것처럼 대하지 말고 공적 자유, 더 나아가서 우주적 자유를 가진 존재로 인식해야 한다. 그것이 앞에서 언급한 공간정치의 한계를 극복하기 위한 생태적 공간정치의 상징인 우주적 몸으로서의 자연에 대한 공경이요 외경이라고 볼 수 있다.

그러기 위해서는 결단코 자연을 포기하지 말아야 한다. 자연의 포기는 생명의 포기요 폭력에 대한 굴복이다. 자연은 평화의 근원이며, 그것을 지키는 일은 궁극적으로는 지구평화를 위한 가장 첨예한 사안이 될 것이다. 일본의 환경학자 토다 키요시(戸田 淸)는 이를 염려하면서 환경학과 평화학을 동일한 맥락으로 바라본다. 그는 근본적으로 "환경 파괴는 지구와의 전쟁"이라고까지 주저 없이 말한다. 그가 정확하게 지적하듯이 "환경 파괴는 평화롭지 못한 상태"를 보여준다. 자연환경이 안 좋아질수록 자원 쟁탈 경쟁은 더 심해질 것이고, 경제개발을 위한 자원 확보나 더 좋은 환경을 필요로 하는 것은 물론 선점, 독점하기 위한 전쟁까지 일어날 것이다. 따라서 지구 전체의 지속가능한 미래를 위해서라도 반드시 환경과 평화의 연관성에 대한 인식을 고양시켜야 한다. 그런 의미에서 경제적 가치보다 생태적 가치를 우선으로 하면서 그 둘의 관계를 합리적으로 설명하고 상호 이해시키는 '협화정치'(協和政治)가 절실하게 요구된다. 그뿐만 아니라 자연과의 공생을 위해서 자연환경의 가치를 정치적 가격으로 산정함으로써 자연을 포기하지 않는 좀더 엄밀한(streng) 녹색정치가 정초되어야 한다.

제5장

함석헌의 역사평화론:
탈역사적 평화

1. 뜻의 보편성과 역사

"역사에서 말하면 모든 혁명의 실패하는 까닭은 민족성의 개조에까지 미치지 못하기 때문이라 말할 수 있다. 역사상의 모든 문제의 근본은 민족에 있다. 그것은 역사의 주체는 민족이기 때문이다." - 함석헌

'뜻'은 특수성이 아니라 보편성이다. 함석헌은 뜻을 의미(meaning; 體)와 의지(will; 用)로 보면서, 역사는 의미가 있으며 의지로 이루어진다고 말한다. 나아가 뜻의 존재론적 타당성을 언급한다. "뜻은 없지 않고 있다"고 말한 것이 그의 뜻-밝힘의 존재론적 이해이다. 이것은 "뜻이 없다면 존재도 변화도 있을 수 없"다는 주장에서도 드러나는, 이른바 뜻의 형이상학(로고스)과도 같은 것이다. 어쩌면 함석헌에게 뜻은 신보다 앞선다. 하나님은 있을 수도 있고 없을 수도 있다는 존재와 비존재적인 신관을 나타내는 종교 언어를 쓴다고 해서, 뜻조차도 종교적 개념으로 한

정짓지 말아야 한다. 뜻은 특정한 종교의 존재[교의]를 나타내는 개념이 아니라 그것을 포괄하면서 넘어서는 보편적 개념이라고 봐야 한다. 그러한 뜻의 존재는 신과 관계없이 반드시 요청될 수밖에 없다. 나아가 함석헌은 "이 우주는 뜻을 가지는 우주요, 이 역사는 뜻으로 된 역사입니다. 뜻이 알파요 뜻이 오메가입니다"라는 말로서 뜻의 근원적인 현사실성(Faktizität)을 밝히고 있다.

함석헌이 『뜻으로 본 한국역사』에서 역사를 그리스도교적 사관, 종교적 사관으로 서술하였다는 것은, 역사 안에 투영된 신의 운동성과 초월자의 감성적 힘이 어떻게 작용하였는가를 기술하고자 했다는 것이다. 뜻이란 달리 존재, 초월 혹은 무한 등으로 번역할 수 있으나, 구태여 '뜻'이라 한 것은 인간의 의지 혹은 초월적 의지를 좀더 쉬운 보편적 언어로 치환한 것이라고 볼 수 있다. 그래서 뜻은 인간의 감성적 힘의 과잉과 분출이요 인간으로의 복귀, 귀환을 염원하는 초월자의 유비에 대한 깊은 반성적 언어이다.

더 나아가서 함석헌은 시대와 말씀의 상관성이 곧 당대의 뜻이라고 풀이한다. 시대 혹은 역사는 시간성에 따른 언어와 말을 내포한다는 것이다. 그 깊은 의미는 변하지 않는 것, 곧 본질로서의 존재 그 자체를 상정하고 있다. 역사는 끊임없이 변하는 것인데 변하는 시간성 속에서 변하지 않는 실체를 알 수 있다. 함석헌은 다음과 같이 말한다.

"역사의 근본이 되는 것은 영원히 변함없는 참 그 자체다." 함석헌이 말하는 참을 곧바로 하느님 혹은 하나님이라는 섭리사관적인 개념으로 대체하고 싶은 게 역사가의 일반적인 욕망일 것이다. 그러나 함석헌은 그와 같은 단순 섭리사관을 넘어서는 '뜻'이라는 전혀 뜻밖의 단어로 제안한다. 그도 그럴 것이 역사의 진보 동력을 종교적 언어인 하느님이나 하나님으로 규정한다면, 그것은 참의 일면의 힘으로 이어지는 현상의 연속성을 일컫는 것에 지나지 않기 때문이다. 참 그 자체, 함석헌 식으로 말하면 죽은 참이 아니라 산 참의 생명, 곧 생성적인 힘에 의해서 역사는 진행된다.

이로써 존재와 생성의 오래된 철학사적 논쟁에서 무표정한 '존재'가 아니라 변화무쌍한 '생성'에 무게가 실린다. "산 것은 자라는 것이다." 역사가 고정되지 않고 무한한 진보를 거듭하려면 거기에는 생명적인 자람을 가능하게 하는 참 그 자체가 필요하다. 역사가 역사 다음, 즉 시간과 시간 사이뿐만 아니라 시간을 넘은 시간, 사건과 사건 사이 그리고 사건을 넘은 사건에 대한 사유와 행위를 하려면 역사를 끌어가는 힘이 있어야 한다.

그래서 역사는 단순히 역사가 아니라 다시 역사를 가능하게 하고 약속할 수 있는 탈역사, 현재의 시간 이후/연속적 계승이어야 한다. 역사가 수많은 점의 나열이 아니라 연속의 선으로 이어지기 위해서는 당대의 시간과 말씀, 그리고 언어를 넘어서야 한다. 역사가 특정 국가, 특정 지역, 특정 민족을 중심으로 한다거나 그 시간성을 중심으로 기술된다면 다른 역사는 진보나 발전이 없는 듯이 보일 것이고 심지어 퇴보하거나 역사를 상실한 것으로 비춰질 수 있을 것이다. 또한 역사라고 한다면 기록의 역사, 문자에 의한 역사로 규정되는 것도 기록과 문자를 보유하지 못한/않은 공동체에게는 편협하고 부당한 역사 개념이라 할 수 있다.

이러한 역사 개념은 세계를 아우르는 공통적이고 보편적인 시간 바깥의 배타적인 시간을 살아가는 사람들이 따로 있는 듯이 치부한다. 그래서 함석헌은 '뜻은 생각할 수 없는 절대'라고 말한다. 역사란 모름지기 뜻이라는 보편적 힘과 본질에 의해서 기억, 구술, 기술되어야 한다는 계몽적 언설인 셈이다. 특정 종교 언어나 개념으로 역사의 힘과 본질을 규정하게 되면 나머지 역사는 배제된다. 배제나 배타는 기본적으로 반평화요 폭력이다. 하나의 특정한 시선과 기준으로 모든 역사를 일반화[裁斷]하기 때문이다.

미셸 푸코(M. Foucault)가 말하듯이, 자신의 역사적 경험의 장을 기준으로 타자의 역사적 경험의 장을 배제하는 것은 부당하다. 그뿐만 아니라 자신의 독특한 역사적 경험의 장에서 이루어진 내적인 경험이 타자의 내적인 경험과 공정하게 역사가에 의해서 다루어지는 것도 아니라면 한정된 말과 언어로 시간과 사건을 재단하는 것은 위험천만한 일이다. 역사가 수집된 역사적 사료의 총합도 아니고 역사적 사건에 대한 진실한 담론도 아닌, 특정한 지배적인 언어를 통해서 서술되는 역사는 결국 허구의 역사이거나 특정 사건에 대한 상상의 언어적 산물에 불과하다.

그러므로 중요한 것은 '주체와 진실'이다. 각각의 특수한 관점들을 상보적이고 보완적 주체로서 인정하고 그 주체들의 내적인 역사 경험이 나름대로 독특한 진실을 담고 있다고 생각해야 한다. 그러기 위해서는 모든 것을 포괄하는 이른바 '뜻'이라고 하는 것이 전제되어야 한다. 굳이 세계 역사를 관통하며 역사를 진보하게 만드는 힘이 있다면, 그것은 뜻이라는 형이상학적 용어로 말해야 한다. 변하는 역사 아래에서 변하지 않는 참 그 자체로서 드러나는 힘은 뜻이라는 말로 대신할 수 있다. 그것만이 특정한 상대적인 개념과 언어를 탈피하면서 세계의 모든 역사를 동등하게 역사화할 수 있다.

역사의 역사화를 가능하게 하는 힘과 의지는 뜻이라는 주체적인 단어로 모아진다. 뜻이 없는 국가, 민족, 부족, 지역은 없을 것이다. 뜻은 초월의 정신이고 유형의 공동체와 그 공동체적 사건을 이끌어가는 강한 의지이다. 하지만 뜻을 규정하려는 욕망은 여전히 모든 지배 국가와 승리자에게 만연해 있다. 뜻을 소유하고 합리화하면서 역사를 자기 주체성의 시간으로 만들어 버리려는 헛된 욕망인 것이다. 뜻은 특정한 존재자에게 부여되거나 소유되기 위해서 존재하는 것이 아니라 세계 모든 존재자가 역사의 주체로서 살아가도록 하는 보편적인 힘과 의지라는 것을 알아야 한다. 뜻은 한 번도 소유된 적이 없다. 오히려 뜻은 항상 민중의 편에서 역사적 실천을 통해서 골고루 잘 살도록[평-화] 보살폈기에 다시 역사 이후의 역사, 시간 이후의 시간을 희망할 수 있는 것이다.

2. 타자의 시간 체험의 인정과 뜻으로서의 현상학적 역사론

"씨올의 역사는 고난의 역사이다. … 한국의 역사는 고난의 역사다." - 함석헌

미국의 역사학자이자 진보 지식인인 하워드 진(H. Zinn)은 다음과 같이 말했다. "인간이 폭력에 대해 무한한 수용력을 가지고 있는 것은 사실이다. 그러나 인간은 친절을 베풀 수 있는 무한한 잠재력 또한 가지고 있다. 상상력이라는 인간의 특별한 능력은 이상주의, 즉 이제까지 존재해 본 적이 없는 좀더 나은 세상을 그려 보는 일에 막대한 힘을 제공한다. 그 힘은 젊은이들을 전쟁으로 내모는 용도로 오용되어 왔다. 그러나 이상주의의 힘은 정의를 실현하고 전쟁이라는 대규모 폭력을 종식키는 데 또한 이용될 수 있는 것이다." 그렇다면 역사에 대한 친절함과 이상주의도 가능할 것일까? 역사에 대해서 친절하지 못한 역사가는 어느

사건은 그저 그런 역사로, 또 어떤 사건은 자신의 편견에 따라서 좋지 못한 역사로 기술하거나 바라본다.

이상주의는 비록 현실에서는 가능하기 어려울 정도로 보이지 않지만 이 세계가 어렴풋이 지향하는 일정한 사유와 목적이 있다는 것을 가정한다. 이상주의적 힘으로서의 역사가 구현되기 위해서 과거와 현재의 역사 서술은 열등한 역사, 보통의 역사, 나쁜 역사라는 차별의 역사가 있는지 먼저 물어야 한다. 유럽과 영미의 역사는 좋고 훌륭하지만 아시아와 아프리카, 중남미의 역사는 보잘 것 없는 변방사로 취급되는 경향이 여전히 지속되고 있다. 세계의 역사라고 하지만 실제로 역사 서술의 상당량을 차지하는 것은 유럽과 영국, 그리고 미국의 역사 아니던가. 그들의 시각에서 볼 때 자신의 역사 이외의 타자의 역사는 미개하거나 나쁜 역사라고 평가할 수도 있다. 하워드 진은 말한다. "우리가 객관성에 가장 근접할 수 있는 때는 아마도 각각의 주관성이 상호 자유롭고 정직하게 경쟁적으로 제시될 때일 것이다."

역사는 설령 그 사건이 자신의 역사가 아니라고 하더라도, 가능한 한 있는 그대로 편견 없이(Vorurteilslosigkeit) 원본에 가깝게, 현상학적 환원을 통해서 전제 없이(presuppositionless; Voraussetzungslosigkeit) 기술하려고 해야 한다. 우리가 인간이라는 유약한 한계, 그리고 특정한 시공간의 제약을 지니고 있기 때문에 자아의 실존, 초월자의 실존의식, 논리의 법칙들의 타당성, 자연과학의 법칙들에 의한 신념이나 시선을 연기시키고 괄호 치는 현상학적 역사 인식의 태도가 필요하다. 객관적 역사서술은 타자로서의 주체의 특수한 시간관념과 사건에 대한 해석과 판단, 그리고 이해를 존중할 때 가능한 것이다.

역사 서술은 결국 주체나 객체가 동일하게 자신들의 이야기가 의미가 있다는 것을 상호인정하는 것이 필요하다. 개별적 삶의 경험에서 파생된 이야기의 우열·경중을 구분짓거나 호불호를 따지는 것조차 신중해야 한다. 그리고 어차피 역사란 선택된 사건들에 대한 해석과 기술이라고 단정 짓는 순간, 어떤 특수한 이야기는 영원히 배제될 수밖에 없다. 우리는 편견의 역사가 혐오와 전쟁, 갈등과 폭력을 낳는다는 것을 경험적으로 알고 있다. 그러므로 하워드 진을 다시 끄잡아 들여 보면 왜 그와 같은 역사 기술 방식을 극복해야 하는지를 알 수 있다. "내가 의도하는 바는 시민들이 기본적인 인간의 권리, 즉 평등, 민주주의, 평화, 국경 없는 세계를 위해 움직이도록 도와줄 수 있는 주제들을 선택하고 그러한 측면들을 강조하자는 것이다. 사실을 감춤으로써가 아니라 축적된 지식의 정설에 사실을 보태고 정보의 시장을 활

짝 열어젖힘으로써."

역사는 세계시민의 주체성을 가지고 평등과 평화, 경계 없음, 그리고 순수한 사실로서의 이야기(물론 발화자나 서술자의 기억일 수도 있지만)를 중립적인 관점이라는 현상학적 환원의 시각에서 기술해야 한다. 관념, 계급, 민족의식, 세계관을 전제로 한 역사 서술조차도 중립적이지 않은 역사관일 수도 있다. 그러므로 어떤 전제도 가정하지 않고 타자가 어떤 의식의 지향성을 갖고 있는가를 먼저 생각한다면, 그 사람의 고유한 체험의 본질을 공감할 수 있을 것이다.

함석헌의 역사관을 흔히 그리스도교적 역사관 혹은 종교적 섭리사관으로 부르는 것도 종교적 신념과 실존에 의한 선입관이 아닌가, 하고 반문할 수 있다. 그러나 함석헌의 종교적 사관 혹은 성서적 사관은 단순히 특정 종교인 그리스도교적 사관이라고 말할 수 없다. 그것은 다음과 같은 주장에서도 잘 드러난다. "기독교가 결코 유일의 진리도 아니요, 참 사관이 성경에만 있는 것이 아니다. 같은 진리가 기독교에서는 기독교 식으로 나타났을 뿐이다. … 기독교를 내가 말할 자격도 없고 또 기독교란 것이 내게 문제도 아니다. 나는 나의 믿음이 있을 뿐이고, 내가 본 성경의 진리를 알 뿐이다. 종교야말로 가장 구체적 · 개인적인 사실이다." 그럼에도 그의 텍스트를 들여다보면 다양한[雜多; Mannigfaltiges] 시간과 공간의 공동체와 존재자들 저변에 흐르는 마음, 변하지 않는 실재, 하나인 것, 즉 칸트(Immanuel Kant)의 물자체(Ding an sich)와 같은 것을 찾고 있음을 알 수가 있다. 그래서 인간의 진선미를 통합·종합할 수 있는 중립적인 개념인 '뜻'을 해석학적인 핵심어로 등장시킨다. 그것은 역사 인식의 선천적 범주로서 단지 그것으로만 인식, 해석될 수 있는 것이다.

다만 함석헌이 종교적 사관을 선택한 것은 종교가 바로 우주와 인생의 궁극에 관심을 기울이기 때문이다. 종교는 우주와 인생을 현실과 초월이라는 범주적 연관성 속에서 말하고 있다. 모름지기 역사의 해석학적 범주로서의 뜻은 사실(事實)이 가지는 뜻이다. 뜻은 온갖 사실이 담아내고 포괄하는 보편적 주체성이다. 따라서 뜻을 존중하고 찾아 밝히는 일이 역사가 해야 할 일이다. 사실에 대한 해석, 의미 분석, 판단은 나중이다. 먼저 뜻-밝힘이 있은 후에야 세계 역사가 있고 새로운 해석이 있는 법이다. 선천적인 뜻을 묻는 이유는 각각이 서로 한몸인 것을 깨닫고, 하나인 것을 각성하기 위해서이다. 평화는 거저 되는 것이 아니라 바로 각각의 이야기들이 갖고 있는 뜻-밝힘을 통해서 그 뜻 아래로 모일 때 구현된다.

몸은 '모으다'라는 동사에서 온 말이다. 몸은 홀로 있지 않고 관계의 미학을 현시한다. 자연도 인간의 몸처럼 하나의 몸으로서의 공동체이다. 몸은 공공의 생활세계에서 상호주관적으로 존재한다. 하나이면서 여럿이고 여럿이면서 하나이다. 그와 같이 다양한 존재자들이 공존하고 공생하면서 평화로운 삶의 이야기들을 발생시키기 위해서는 뜻이라는 보편적 주체성에 입각한 시간 안에서 살아야 한다. 그 시간은 저마다 고유하기에 존중해야 할 시간이다. 그런 의미에서 함석헌의 뜻이라는 중립적인 언어는 후설(E. Husserl)의 현상학적 선험주의(transcendentalism)와 일맥상통한다고 볼 수 있다.

역사 인식의 범주인 뜻이라는 중립적 개념은 다양이고 포괄이고 포용이고 비폭력이고 인정이다. 함석헌의 말대로 존재자들의 이야기들을 있는 그대로 그려낸 것, 그것이 역사적 서술(敍述)이다. 지금도 우리는 자국의 이익을 위해, 개인적인 생의 독점을 위해, 민족이라는 허상을 위해 모호한 무리들의 소중한 삶의 시간과 그 시간들이 씨줄과 날줄로 얽힌 역사를 부정하고 거부한다. 그들의 역사에 대한 부정과 거부는 혐오와 증오, 폭력과 살인, 전쟁과 인종 말살 등으로 나타난다. 자신의 존재 역사만을 드러내기 위해서, 자아의 생존에의 의지만을 드러내기 위해서 타자의 시간과 역사를 흔적도 없이 사라지게 만든다. 이것을 극복하기 위해서는 타자의 삶의 시간 안에 보편적이고 선천적인 뜻이 들어 있다는 것을 명심해야 한다. 이슬람의 역사, 인도의 역사, 아프리카의 역사, 중남미의 역사, 소수부족의 역사 등 타자의 시간과 역사에 투영된 뜻은 모든 인류의 보편적인 뜻과 맞물려 있어서, 하나의 뜻을 살해하는 것은 결국 인류 역사 전체의 자살이라는 것도 잊지 말아야 한다.

3. 생각, 시간과 역사의 평화를 위한 근본 토대

역사는 인간이 벌인 사건들의 종합이다. 함석헌은 그 사건을 사실(事實)이라고 말한다. 이 사실은 객관성을 중요한 준거로 삼는다. 하지만 이보다 더 중요한 것은 주관적 삶이다. 다만 사실의 객관성과 주관적 삶이 만나서 살림을 지향한다. 함석헌이 사실과 살림을 밀접하게 연관 짓는 것은 역사적 나열이나 사건들이 죽은 과거가 아니라 산 과거로서 현재에도 지속적인 영향을 끼친다고 보았기 때문이다. 따라서 역사는 근본적으로 살림을 위해서 사실을 녹이고 삭여서 살아 있도록 만들어야 한다. 무엇이 그렇게 할 수 있는가? '사색'이다. 달리 말하면 생각이다. 시간과 사건에 대해서 끊임없이 생각하고 사색하는 주체는 단순히 과거의 기록을 기술하고 연구하는 데 그치지 않는다. 그것은 이해의 역사요 이성에 의한 해석의 역사적 주체로 살아간다.

그렇다면 이 생각하는 역사, 이해하는 역사, 해석하는 역사, 의미의 역사가 평화와 무슨 관계가 있는 것인가? 역사는 단순히 시간의 흐름에 의해서 과거, 현재, 미래를 기술하거나 사실만을 기록하는 것이 아니다. 역사는 자기 존재의 배경이 되는 것이고, 지속적인 정신의 교섭이 이루어지는 시간이고, 생명의 행렬에 의미를 부여하는 정신의 작용과 밀접한 연관이 있다. 함석헌은 역사란 전체 속에서 나를 보게 하고, 나 속에서 전체를 보게 한다고 말하면서 주관과 객관의 균형과 종합을 주장한다. 이것은 역사가와 역사 서술에 대한 다음과 같은 하워드 진의 견해와 맥을 같이 한다. "역사가가 어떤 가치나 목적에 대해 강한 믿음을 가지고 있을 때, 역사를 부정직하게 서술하거나 왜곡시킬 수 있다. 그러나 역사가가 궁극적인 가치에 대해 충실함과 역사적 사실에 관한 열린 태도는 서로 다른 것이라는 점을 이해하고 있다면 그러한 오류는 피할 수 있다. 역사 서술에서 간과하기 쉬운 또 하나의 부정직함은, 역사가가 자신 역시 자신만의 가치관을 가지고 있음을 인정하지 않고 '객관성'을 가장해 자신과 독자를 속이는 경우이다."

역사를 기술하거나 기록할 때 해석, 이해, 의미가 중요한 관건이 되는 것은 역사의 주체 혹은 역사의 사실을 몸으로서 체험한 주체가 전체와 나 사이의 관계를 공명정대하게 바라봐야 한다는 점이다. 한쪽으로 경도된 역사나 편견을 가지고 바라보는 역사는 그 역사 저변에 흐르고 있는 '뜻'을 외면하기 때문이다. 더욱이 역사가 진보한다는 차원에서 본다면 시간과 사건의 지금 여기와 그때 거기를 늘 새롭게 이해해야만 한다. 이해의 지평 안에서 특정한 사관에 의해서 이루어지는 역사적 평가는 결국 폭력과 상처, 왜곡과 배제, 죽임과 전쟁을 낳는 결과를 초래하게 된다. 역사를 이해하는 것은 늘 나와 전체, 전체와 나 사이의 관계를 하나의 인류사적 시각에서 조명하게 한다. 그럼으로써 전체 속의 나, 나 속의 전체는 우주사적 지평, 함석헌의 뜻을 기반으로 하는 종교사적 지평에서 더불어 살기, 같이 살기라는 평화적 관계를 모색할 수 있을 것이다.

이것은 앞에서 말한 역사가 자칫 '수동적이고 비주체적인 시민'을 양산할 수도 있다는 것과 '역사를 문자 그대로 하나의 유희로' 전락시킨다는 하워드 진의 염려를 넘어서야 할 과제를 안고 있음을 뜻하기도 한다. 역사적 문자나 기록의 놀이는 역사적 주체인 민중을 수동적인 존재로 인식하게 함으로써 세계 인류의 이상과 보편적 세계 사상이 결핍되는 사태를 가져온다. 이에 함석헌은 '보편적 세계 사상의 결핍'과 '세계이상'의 상실이 큰 문제임을 지적한 바 있다. 민중이 역사에 대해서 항상 생각하는 주체가 되어야 할 당위와 책무가 이런 이유에서이다. 생각은 역사적 주체와 주체들을 연결하고 전체 속에서 주체 자신을 바라봄으로써 역사를 추동시키고 세계의 문제를 해결하는 이상과 사상을 수립할 수 있다. 역사적 주체가 생각을 해야 평화를 가져온다는 것은 역사의 근본적 힘과 성격은 살림에 있다는 함석헌의 의식에서 비롯된 것이다.

역사는 단순히 인간의 놀이의 시간이나 수동적인 사건에 대한 기술에 불과한 것이 아니다. 역사는 더불어 놀이를 해야 하고 더불어 능동적으로 살기 위해서 협력해야 하는 더불어 시간이다. 필자가 앞에서 통시적 평화가 아니라 공시적 평화를 말한 것도 역사적 맥락에서 이해하게 될 때 좀더 명확해진다. 지금 동일한 시간 속에서 존재하는 전체, 우주 속에서의 타자는 더불어 사는 존재, 더불어 산 존재자들이다. 함석헌의 말대로 '전체가 한 생명'이다. 한 생명의 역사가 지속적으로 새롭게 이해, 해석, 의미부여, 판단될 때 산 것, 살아 있는 것이 드러난다. 결국 역사란 죽어 있는 것과의 관계가 아니라 산 것, 살아 있는 것의 현재와의 관계를 주시하라는 시간성의 명령이다. 그 산 것, 살아 있는 것들과 어떻게 평화롭게 지낼 것인가를 이해, 해석, 의미부여, 판단하면 죽임이 아닌 생명, 상호배제가 아닌 상호인정이 가능해질 것이다. 함석헌은 이를 위해서 주체성이 보편적 주체성이 되어야 할 것을 주문한다. "주관(主觀)의 주(主)는 누구의 나에도 통할 수 있는 참 나지, 서로 충돌하는 작은 나, 거짓 나, 사(私)가 아니다."

이와 같이 주체의 해석학과 판단에 따라 누구에게나 통할 수 있는 공통의 역사, 상식의 역사, 설득의 역사, 상호 이해의 역사가 될 때 배타적 경계가 무너질 것이다. 동시에 서로 동떨어진 특수한 역사적 세계의 사건들로 인한 폭력과 지배, 왜곡에 대한 반성이 이루어지고 소통이 가능한 상태의 평화로운 생활세계가 형성되지 않을까. 그러므로 그 무엇보다도 산 것, 살아 있는 것들의 공동 살림, 더불어 살림의 장소와 시간 구성이 될 수 있도록 역사 평화에 대한 주체의 성찰적 사유, 주체의 깊은 생각이 선행되어야 할 것이다. 그래야만 역사(歷史)는 모든 개별 인류들의 사유와 시간이 함께 머무는 평화의 거주지[歷; 曆, 장소] 그 자체가 될 수 있기 때문이다.

제6장

비폭력주의와
협화주의

* 이 장은 서울대학교 통일평화연구원에서 주최한 학술회의(2016.11.4)에서 〈한국인의
평화사상〉이라는 주제하에 "함석헌의 평화사상"이라는 제목으로 발표한 원고이다. 이
를 다시 「통일과 평화」 학술지(2016년 8집 2호)에 게재한 것을 첨부한 것이다.

1. 비폭력의 실천철학자로서의 함석헌

19세기 생철학자 니체(Friedrich W. Nietzsche)는 「전쟁과 전사에 대하여」에서 다음과 같이 읊었다. "너희들은 너희들에게 걸맞은 적을 찾아내어 일전을 벌여야 한다. 너희들의 사상을 위해! 설혹 전쟁에서 너희들의 사상이 패배하더라도 너희들의 성실성만은 그에 굴하지 않고 승리를 구가해야 하리라! 너희들은 평화를 사랑하되, 또 다른 전쟁을 위한 방편으로써 그것을 사랑해야 한다. 그리고 긴 평화보다 짧은 평화를 더 좋아해야 한다. 내가 너희들에게 권하는 것은 노동이 아니라 전투다. 내가 너희들에게 권하는 것은 평화가 아니라 승리다. 너희들이 하는 노동이 전투가 되고 너희들이 누리는 평화가 승리가 되기를 바란다!"[1] 니체가 실제적인 폭력이나 전쟁을 찬미하는 것은 아닐지라도 사상의 승리를 위해서조차도 적과의 전쟁을 불사하고 단발적인 평화만을 원할 뿐 경쟁을 마다하지 않는 인간의 폭력적인 생의 의지 혹은 힘의 의지를 반영하는 현실은 예나 지금이나 다르지 않을 것이다.

오늘날 폭력은 정신적 외상으로서 개별적 존재를 넘어 다수의 타자에게까지 영향을 주고, 급기야 사회적 신경증이나 정치테러 형식으로 출몰하는 것을 볼 수 있다. 게다가 폭력의 승화는 은밀하게 법과 질서, 그리고 권력으로 위장되어 나타나고 있다.[2] 이러한 폭력이 자행되는 현실을 목도하면서도 말로는 폭력이라고 하지만 실제로 그 폭력성을 어떻게 무화(無化)시킬 것인가 하는 논의와 실천은 미약한 것이 사실이다. 폭력 혹은 폭력성을 완전히 무화시키지 않는다면 음성적 발화만으로는 폭력을 막을 수 없다. 무화시킨다는 것은 무력화시킨다는 것과는 다르다.

폭력은 인간에게 부정적인 힘이자 비생산적 힘이기 때문에 그것을 사라지게 만드는 것이 궁극적인 목표여야 한다. 폭력이 상상으로는 누구에게나 열려 있는 분노의 표출이 될 수 있을지는 몰라도 그것이 모방된 형태로서 재생되는 순간 자신뿐만 아니라 모든 타자들에게까지도 심각한 상처와 무력감(無力感), 생의 의지를 꺾게 만든다. 그와 같은 폭력성을 무화시키는 것이 평화라면 그 함의를 논하기에 앞서 폭력(暴力)은 아니 된다(非)는 비폭력의 양태가 무엇인가를 짚어보아야 한다.

그것을 실천적 이론으로 접목시킨 인물이 바로 한국의 현대 사상가이자 실천철학자 함석헌이라고 말할 수 있다. 그는 단순히 이론적 토대를 구축하여 평화로 나아가는 인간의 존재론적 방향성을 모색한 것이 아니라 그 비폭력의 철학을 몸으로 구현한 인물임에 틀림이 없다. 그래서 그가 하는 말에 힘이 실려 있으면서 이론의 실천적 기반들을 언어로서 담아내는 특이한 형태의 서술 양식을 띤다. 따라서 폭력의 양상들을 극복하고 점차 폭력의 권력 주체들과 대상 사이가 해체되는 평(平, 고른 몷)-화(和, 화합과 일치의 몷)의 정착과 그 가능성을 함석헌을 통해서 살펴보는 것은 의의가 있다고 하겠다.

이를 위해서 함석헌에게 영향을 미친 간디의 비폭력 저항운동과 그로부터 저항철학의 실마리를 발견한 함석헌의 비폭력 저항의 핵심과 특징이 무엇인지 알아보는 것은 머드러기를 발견하기 위한 중요한 작업이다. 동시에 좀더 적극적인 의미에서 함석헌에게서 새로운 평화의 철학 혹은 영성은 무엇인지를 톺아보고, 그 비폭력의 미학의 정수로서 함석헌의 아나키즘적 평화의 가능성을 살펴봐야 할 것이다. 더 나아가서 만일 함석헌의 비폭력주의가 한갓 도사리가 아니라면, 그것의 의미와 오늘날의 현실을 향해 주는 메시지의 깊이를 가늠해보는 것은 폭력이 만연한 세계의 방향타 역할을 해줄 것이라 본다.

2. 폭력의 무화와 삶의 형식으로서의 평화

함석헌은 "이제 우리의 나아갈 길은 간디를 배우는 길밖에 없다"[3]고 말할 정도로, 그의 비폭력주의 평화사상은 간디로부터 지대한 영향을 받았다.[4] 게다가 그는 비폭력주의의 산실인 인도에 대해서 무관심하다는 것에 대해서 적이 놀라면서, 인도는 비폭력 정신을 기조로 하여 국가가 운영된다는 데에 방점을 둔다. 그렇기 때문에 세계의 장래를 위해서는 인도를 알아야 할 뿐만 아니라 서로 교류하고 그 나라의 역할을 간과해서는 안 된다고 피력한다.[5] 이런 의미에서 그에게 있어 간디는 존경을 받을 만한 위대한 인물로 기억된다. 특히 함석헌은 3·1운동[6] 직후 인도에서 사티아그라하(satyagraha, 진리파지; 진리를 단단히 붙듦, 참을 지킴) 운동을 벌일 때 간디를 처음 알았다.

그뿐만 아니라 그는 로맹 롤랑(R. Rolland)의 『간디전』을 읽었을 것이라고 추측된다. 하지만 좀더 구체적으로 반국가적 평화주의에 관해서는 해방 후, 특히 6·25 한국 전쟁 이후에 본격적으로 관심을 갖게 되었다. 그러한 간디의 사상과 운동의 핵심을 잘 간파했다고 볼 수 있는 흔적은 1965년 4월호의 『사상계』에서 "간디는 목적보다 수단의 옳음을 외쳤다"는 기록에서 발견하게 된다.[7] 이와 같은 근거 하에서 김삼웅은 함석헌을 아예 간디주의자라고 단정한다. "…비폭력저항, 불복종, 비협력주의, 불가촉민(써울)의 지위 향상, 민중교육운동, 인도 고유의 전통사상은 사티아그라하 운동의 절제된 생활원칙인 브라마차리아(bramacharya) 등 종교적 행위와 정치적 행위를 결합하여 '국가의 도덕성'을 실천한 간디의 사상과 철학을 실천한 간디주의자다."[8]

실제로 간디의 아힘사(ahimsa, 비폭력)는 사랑, 자비, 용서를 포함[9]하는 것으로서, 그는 "비폭력주의는 가장 활동적인 힘이다. 거기엔 비겁이나 나약함이 들어갈 자리가 없다"고 말하였다.[10] 더 나아가서 "사티아그라하의 목적은 악행을 저지르는 사람을 강요하는 게 아니라 개심(改心)시키는 데 있다. 사티아그라하는 부드러울 뿐, 절대로 상처를 입히는 법이 없다. 사티아그라하는 강제와는 정반대의 것이며, 폭력을 완전히 대치시킬 수 있는 것이라고 할 수 있다. … 그것 사티아그라하는 사회뿐만 아니라 한 개인도 역시 사용할 수 있는 힘이다. 비폭력은 인류가 행사할 수 있는 힘 중에 최대의 힘이다"[11]라고 역설했다. 이와 같은 간디의

"'진리 파악'이나 '비폭력'은 깊은 도덕의식과 종교의식에서 나오는 정신력으로, 그것의 본질은 상대방을 폭력으로 패배시키는 대신 정신력으로 상대방의 마음을 변화시키는 데 있고 스스로 고통이나 고난을 당함으로써 상대방의 마음속에 있는 사랑과 인간적 감정을 불러일으키는 데 있다"[12]고 덧붙여 해석할 수 있다. 동일한 맥락에서 함석헌은 이렇게 말한다. "비폭력주의는 서로 경쟁이 아니고 문제가 있는 때에도 자기 희생에 의하여 서로 저쪽의 속에 숨어 있는 좋은 힘을 끌어내도록 하자는 노력이다."[13] 이러한 간디의 사상적 기반 하에서 함석헌은 비폭력이란 진리라고 말한다. 진리를 행하는 데 예외는 없다. 비폭력적 진리는 보편적이어야 한다.[14] 흔히 비폭력은 약자가 강자에 대해서 행사하는 약자의 진리라고 생각하는 경향이 있다. 하지만 함석헌은 비폭력, 즉 폭력을 무화시키는 데는 강자와 약자, 지배자와 피지배자가 따로 없다고 하였다. 약자가 강자의 폭력에 맞서 똑같은 행위의 원칙을 실행하는 것이 아니라 그것을 되레 무화시키려는 더 강한 의지의 저항임을 분명히 한 것이다. 그것은 시간성의 역행과도 맞닿아 있다. 지금까지의 역사, 인간의 시간은 폭력주의로 점철되어 왔다.[15] 그 시간성의 흐름, 그 시간의 의지를 무화시키는 것이 폭력의 무화라는 것은 말할 필요도 없다. 행동과 존재는 시간과 역사에 의해서 규정된다. 축적된 강력한 시간과 역사를 거슬러 새로운 형태의 삶의 양식, 곧 평화를 일구겠다는 의지는 비폭력 저항 의식의 발로이다.

여기서 폭력의 무화는 폭력의 부정(negative, 否定)이 아니라 폭력의 부정(indefinite, 不定)으로서 제3의 차원을 뜻한다고 볼 수 있다. 즉 그것은 비-폭력으로서 폭력에 내재하는 과잉의 폭로인 것이다. 함석헌이 "비폭력이라니 단순히 주먹이나 무기를 아니 쓴다는 말이 아"[16]니라고 한 것도 그렇게 이해를 해야 한다. 이것은 주디스 버틀러(Judith Butler)의 입장과 매우 흡사하다. 그녀는 레비나스(E. Levinas)의 철학적 윤리학을 빌려서 다음과 같이 말한다. "레비나스가 보기에 비폭력은 평화로운 장소보다는 오히려 폭력을 겪을 것이라는 두려움과 폭력을 입힐 것이라는 두려움 사이의 끊임없는 긴장으로부터 도래한다. 평화는 폭력과의 생생한 싸움이고, 평화가 저지하려 하는 폭력이 없다면 평화도 있을 수가 없다. 평화는 이런 긴장의 이름이다. 왜냐하면 평화란 항상 어느 정도는 폭력적인 과정이고, 비폭력이란 이름으로 벌어지는 일종의 폭력이기 때문이다."[17] 흥미로운 것은 평화의 기표(signifiant)는 바로 '긴장의 이름'이라는 것이다.

평화란 상식적인 의미에서 폭력의 종식이나 폭력의 무화가 아니라는 것을 암시한다. 평화를 이루기 위해서는 폭력에 저항하기 위한 폭력이-아님, 폭력이-아닌 것으로서의 비-폭력이라는 수단이 강화되어야 되는데, 여기에서 발생하는 폭력인 것과 폭력이 아닌 것 사이의 긴장과 갈등이 발생한다. 어쩌면 그 '과정' 자체가 폭력을 무화하는 것인지도 모른다. 비-폭력이라는 말 사이의 하이픈(-)이 주는 기표적 의미는 시간성의 고정과 지연의 양극단의 시차와 거리를 가능한 한 단절시켜서 비폭력이 폭력이 되지 않도록 하려는 의지의 표명으로 읽히도록 하려는 것이다. 동시에 폭력이 폭력으로서 확정되지 않도록 하려는 시니피앙(signifiant, 記標)을 통한 시니피에(signifie, 記意)의 불확정성 혹은 알튀세르(Louis Pierre Althusser)가 말한 이데올로기적 호명(interpellation)이 되지 않도록 하려는 강한 언명으로 봐야 할 것이다.

이것은 함석헌의 다음의 문장에서도 잘 드러난다. "그것은(비폭력은) 너 나의 대립을 초월한 것입니다. 차별상(差別相)을 뛰어넘은 것입니다. 그러므로 인류 역사상 이것을 처음으로 큰 규모로 실행했던 간디는 이것을 참, 곧 진리파지(眞理把持)라 불렀습니다. 여기는 인격의 차별이 없는 것은 물론, 인축(人畜)의 차별조차도 없습니다. 생에 대한 절대의 존경을 그 도덕의 토대로 합니다. 그러므로 사람에서 버릴 사람이 없습니다."[18] 차별 없음 그리고 자아와 타자와의 대립을 초월한다는 것이 비폭력이라는 것이다. 비-폭력은 피아를 차별하고 구분하지 않는다. 폭력은 나와 너를 구분하고 차별할 때 발생한다. 폭력의 맥락은 지젝의 논리를 빌려서 말한다면, '타인의 과도한 향락'이 편중되는 데서 비롯된다고 말할 수 있다. 상호주관적인 평화를 해치는 이유는 지배자 혹은 폭력의 행사자가 과잉적, 잉여적 향락, 곧 주이상스(jouissance, 희열·향유)를 소유하기 때문이다.

잉여적 향락이 동등성이나 평등성으로 분할되지 않을 때 그 향락을 즐기고자 하는 지배자는 힘의 균형과 향락의 분할을 깨버리고 만다. 차별은 그렇기 때문에 보편적 주이상스에 대한 독점과 강제에서 출발한다고 말할 수 있다. 민주주의 사회에서 보편적 주이상스에 대한 강제는 평화를 저해하는 요인이다. 앞에서 함석헌은 바로 이 점을 지적하였다. 보편성과 획일성, 그리고 다수성의 원칙하에 그 보편성과 다수성의 대중을 위한 주이상스를 확대하다 보면 소수는 그 주이상스의 동등성의 원칙에서 멀어지게 되고 차별과 차이, 구분과 구별이 생기게 되는 것이다. 그런 의미에서 평화는 향락에 대한 접근성의 동등성 혹은 주이상스의 동등성을 확보하지 못할 바에야 동등하게 금지하는 방향으로 선회하는 것이 옳을 것이다. 지젝이 말한 바와 같이 '동등한 금지의 공유'가 평-화(平-和), 평화의 감성을 가능하게 하기 때문이다.[19]

함석헌은 다수결 제도에 의한 민주주의에서도 폭력을 엿볼 수 있다고 말한다. 정치적 체제에서 다수가 소수에게 행사하는 지배적 폭력을 염두에 둔 것이라 생각되는데, 다수가 소수의 의견을 묵살하는 것조차도 타자를 자기와 동일화하려고 하는 전체성의 폭력이 내재해 있다. 한병철이 "이질적인 것, 낯선 것뿐만 아니라 같은 것도 폭력의 원천이 될 수 있"다고 말한 것은 그런 차원을 지적한 것이다. 민주주의와 연동하고 있는 자본주의 사회에서 인간이 얼마나 신경증적 폭력에 시달리고 있는가를 예리하게 분석한 그는 현대 사회가 '긍정성의 폭력'에 시달리고 있다고 주장한다. 과거에는 타자가 불러일으키는 부정성의 폭력에 의해서 인간이 공포를 느꼈지만, 지금은 "박탈(privativ)하기보다 포화(saturativ)시키며, 배제(exklusiv)하는 것이 아니라 고갈(exhaustiv)시키는" 긍정성의 폭력을 경험한다는 것이다. 부정성의 폭력은 거부할 수 있고 저항할 수 있지만 긍정성의 폭력은 내재화되고 부정(不定)할 수 없기 때문이다. 따라서 그는 "긍정성의 폭력은 적대성을 전제하지 않는다. 오히려 관용적이고 평화로운 사회에

서 확산되며 그 때문에 바이러스성 폭력보다도 눈에 덜 띈다"고 말한다.[20]

　박노자는 이처럼 타자에게 상처와 폭력을 안겨 주는 민주주의를 '형식적 민주주의'라고 꼬집으면서, 이와 같은 지배 권력이 피지배층을 억압하는 현실에서 스스로 '피통치민'으로서의 위치를 거부하는 행동을 하지 않는다면 그에 대한 극복은 어렵다고 진단한다.[21] 그렇다면 함석헌은 이러한 폭력의 해결책을 어디에서 찾고 있는가? 그는 "새로운 세계관, 새로운 인생관, 새로운 윤리, 새로운 종교가 나와야" 한다고 강조한다.[22] 새롭다고 하는 것은 지금과는 전혀 다른 형태의 삶의 양식들을 전제로 한다. 이것은 비-폭력의 현상학으로 나아가기 위해서 과거와의 단절을 의미하는 비(非)의 해석을 통한 새로운 질서와 삶의 양식으로서의 평-화 혹은 평화의 감성으로 봐야 하지 않을까.

3. 평화의 영성을 위한 예수의 비폭력 투쟁과 퀘이커 사상

함석헌에게 있어 비폭력은 "모든 사람 속에 불멸의 영성(靈性)을 보는 것이요, 그것을 불러내자는 운동입니다. 그러기 때문에 다 죽은 것 같던 민족에서 새 창조가 나올 수 있었습니다"[23]에서 보는 것처럼 인간의 영성 문제와 관련이 있다. 영성이 도피가 아니라 현실을 초월하는 삶을 일컫는 것이라면, 현실 세계가 품고 있는 갈등과 폭력, 긴장과 지배의 감정들을 극복하기 위한 하나의 장치는 비-폭력이어야 한다.

국가 사이, 종교 사이, 집단 사이, 사람 사이에서 발생하는 현실적인 문제에 올바른 정신과 영성이 바탕이 될 때 현실의 욕망과 본능에 집착한 시각에서 탈피하여 새로운 삶으로 도약할 수 있다. 이러한 사이성(betweenness)에 대한 통찰이 적극적인 평화의 길로 가는 지름길이 될 수 있을지 모른다. 이찬수는 바로 이러한 사이성의 전제로 '공감적 관계성'(empathic relationship)을 주장한다. 결국 폭력과 살인의 원인은 인간이 사물화되는 데서 비롯된다는 것인데, 이것을 극복하기 위해서는 파편화된 인간을 넘어서 사이성과 관계성에 토대를 둔 공감적 감수성을 회복하는 것이 중요하다는 것이다.[24]

이와 같은 공감적·공생적 평화의 영성은 반드시 '운동'의 성격으로 드러나야 한다. 현실에 고착화된 욕망에 매몰되어 민중을 기만하는 정치와 국가의 욕망, 자본의 이익을 위해 인간을 사물로 취급하는 기업의 욕망,[25] 인간을 거세된 부속품 정도로 취급하는 교육의 욕망에는 공감적 감수성은 존재하지 않는다. 그렇기 때문에 전쟁과도 같은 현실 세계에 대한 저항운동이 필요한 것이다. 적극적인 의미에서의 전쟁과 소극적인 의미에서의 전쟁은 이미 가상의 현실이나 증강현실처럼 실제와 가상을 넘나들면서 혹은 혼동을 일으키면서 전개되고 있는데, 이것은 평화의 사상적 인식만으로는 부족하다는 것을 깨닫게 해준다. 고착화시키려는 현실의 폭력적 사태에 대해서 생성·변화하면서도 사람들 안에 있는 변하지 않는 진리, 곧 평화의 영성·평화에 대한 공통감각을 실천적으로 전개해야 한다. 그것을 잘 대변해 주는 종교 공동체가 바로 퀘이커(Quaker)라고 볼 수 있다.

조직, 제도, 교리, 체제 등에 대해서 거부하면서도 개별적인 신앙의 단독자로서의 신자가 초월자의 영감에 따라서 자신의 자유로운 신앙 표현을 한다는 것에는 초월자와 신자, 신자와 신자 사이의 공감적 영성이 자리 잡지 않으면 불가능하다. 더 나아가서 신자와 신자 사이의 신뢰와 확신, 개별적 보편성의 신앙은 제일 먼저 노예 해방의 문제를 제안할 수 있었던 기폭제 역할을 하였다. 지배와 피지배자, 정상과 비정상이라는 사이성의 윤리, 틈의 윤리적 차원을 평화롭게 해결하기를 바라는 그들에게는 반전운동(反戰運動)은 매우 자연스러운 일이다. 그래서 그들은 전쟁이라는 폭력 행위에 대한 사상적 갈등과 충돌을 반대하는 데서 더 나아가서 폭력적인 전쟁에 불참하는 적극적인 태도로서 집총을 거부하는 적극적인 평화 운동을 전개하였다. 이러한 퀘이커 영성의 시작이 '농민'에게서 일어났다는 것도 주목할 만하다. 우리가 잘 아는 바와 같이 퀘이커는 조지 폭스(George Fox)가 창시한 것으로 알려져 있지만, 실질적인 운동의 주체는 농민, 즉 씨올 에게서 비롯되었다는 것을 간과해서는 안 된다.[26]

프로이트(S. Freud)가 주창한 타나토스(공격의 충동, 죽음의 충동)와 에로스(사랑의 충동)에서 타나토스는 인간의 권력에의 의지, 다수의 권력을 상징한다. 전쟁과 폭력, 그리고 독재권력이라는 죽음의 충동은 에로스를 짓밟으려고 한다. 하지만 에로스는 권력과 폭력을 몰아내고 평화를 정착시키려고 노력한다. 프로이트가 볼 때 전쟁과 폭력은 에로스에서 타나토스로 힘의 균형이 쏠리게 될 때 발생한다. 프로이트는 이에 대한 대안으로 폭력(권력)의 억압(Zwang der Gewalt)과 감정결합(Gefühlsbindung)을 제시한다. 감정의 결합은 특정 사회의 구성원들 사이의 의사소통을 통한 의견 일치를 가능하게 한다.[27] 바로 이러한 감정의 결합 혹은 공감적인 감수성을 잘 보여준 집단이 퀘이커교도들이다.

종교친우회(Friends of Religious Society) 모임(meeting)의 회의 진행 방식만 보아도 그들은 만장일치제도를 따르고 있는데, 개별 신자의 소수 의견도 묵살하지 않고 끝까지 존중하면서 지속적인 의사소통을 통해 의견의 일치로 귀결시키려는 태도는 평화의 정신을 수호하려고 하는 그들의 의지를 보여준다. 이렇게 종교친우회, 즉 퀘이커가 평화주의자라고 하는 것은 상호주관적인 자기 희생을 통해서 타자를 존중하려는 의지에서 간취할 수 있다. 자기 희생이 없이 공동체가 유지될 수 없거니와 의사소통의 만장일치를 이끌어내기가 어렵기 때문이다. 이 자기 희생은 종교적 사랑에서 기원하는 '절대적인 자기 부정'으로서 "전체적으로 '자기'를 방기(放棄)"하지 않고서는 어려운 일이다.[28] 이렇듯 자기 희생인 자기 방기를 통해서 소수자에 대한 배려, 누구라도 배제하지 않고 포용하려는 태도는 종교 공동체 및 그로 인한 세계 평화 운동을 펼치는 원동력이라고 해도 과언은 아닐 것이다. 여기에는 함석헌의 다원론적 철학 및 사상과도 맞물려 있다. 그는 우주의 법칙이나 생명의 법칙이 다원적이라고 말하면서 종교와 사상이 왜 동일성만을 고집하는가에 의문을 제기한다. 그래서 다양한 생명, 다양한 생각, 다양한 종교, 다양한 의견, 다양한 사상이 중요하다는 것을 설파한다.[29]

이렇듯 평화는 사태에 대한 정확한 사상적 무장과 인식에서 출발을 해야 하지만 그것이 운동의 성격으로 나타나기 위해서는 결코 소수의 타자를 배제하거나 무시하는 일이 없이 존중하는 자세를 견지해야 한다. 또한 소수의 타자를 포용하기 위해서는 그 무엇보다도 다양성과 다원성의 인식을 체화하여 평화의 공존을 모색해야 할 것이다.

우리는 여기서 퀘이커의 철학과 영성, 그리고 사상이 만나는 최초의 지점을 발견하게 된다. 함석헌은 예수를 통사람[全人]이라고 부른다. 예수는 산숨이며 생명-참-길의 님이다. 그런데 그가 비폭력의 화신이 된 것은 전체를 건지기 위한, 전체를 살리기 위한 것이었다.[30] 그래서 예수의 평화는 전체의식, 즉 우리는 하나라는 자각에서 비롯한다. 모든 존재는 생명적 존재이자 우주적 존재와 맞닿아 있다. 개별적 존재는 서로 떨어져 있는 것이 아니라 전체인 생명이다. 모든 씨올은 전체가 하나의 생명인 까닭에 '역사는 하나'라는 형이상학적 선언에 통합된다. 역사 속의 씨올은 하나 됨의 완성을 향해서 나아가는 존재인 동시에 역사는 바로 그러한 씨올들이 하나 되기 위해서 노력해 가는 과정이다.

그래서 '살아라'는 것은 평화의 인식이 아니라 평화의 행동이다. '살아라'는 것이 정언명령, 절대명령이 되어야 하는 이유는 모든 존재는 하나이기 때문에 삶과 생명은 자명한 것으로 평화적 공존도 역시 자명한 것이어야 한다. 그렇기 때문에 전체는 함께 살아야 하고 그 더불어 삶만이 평화일 수 있는 것이다. 이와 같은 정언명령에 의해서 목적으로서의 왕국에서 타자를 인격체로 대하면서 상호호혜적 삶, 유기체적 전체주의적인 삶을 살기 위해서는 비폭력적인 윤리공동체를 지향해야 한다.[31]

4. 비폭력의 미학과 함석헌의 아나키즘적 평화의 감성

아나키즘(anarchism)은 단적으로 '국가가 없는 상태'로서 '집단적 결정을 결코 강요하지 않는 사회'라고 정의한다.[32] 어원적으로 두 가지의 해석이 가능한데, an(무)과 arche(지배자, 통치자)에서 유래하여 권위나 정부가 없는 상태를 의미하기도 하고, 아나르코스(anarchos), 즉 선장이 없는 배의 선원을 뜻하면서 상징적으로는 선장이 없는 선원들이 상호 대화, 상호 판단, 상호 결정, 상호 책임이라는 공동체성을 지향하는 것을 뜻한다.[33] 그럼에도 이를 '무정부주의'라고 매도하고 폭력적이거나 불순한 테러 세력으로 몰아가는 경향이 있는 듯하다. 슈티르너(Max Stirner)와 같은 아나키스트는 "국가와 나, 우리 둘은 적이다"라고 말하였고, 크로포트킨(Peter Kropotkin)은 국가란 16세기 이후 자유 공동체가 파괴되면서 군대 권력, 사법 권력, 토지 소유자와 자본주의자 사이의 상호보험 사회가 창조되면서 등장한 집단이라고 본다.[34]

근본적으로 이러한 아나키즘은 개인의 자유를 억압하는 지배와 체제, 조직 등에 불복종하고 거부 행위로 저항함으로써 자율적 공동체를 지향한다.[35] 그래서 아나키스트들은 이렇게 말한다. "아나키즘은 권력이 드러나는 모든 현상 속에서 권력을 폐기하고, 종속을 강요하기 위한 법과 메커니즘을 폐기하며, 모든 문벌 조직을 부정하고 자유로운 협약을 옹호합니다. 우리와 함께 자유를, 그 결과 개인의 생명을 존중하기 원한다면, 형태에 상관없이 여러분은 인간에 대한 인간의 지배를 단호히 거부해야 합니다."[36] 또한 "아나키즘은 잘못된 결정이나 부당한 대우에 맞서 저항하고 싸울 때에만 나의 자치와 행복이 보장될 수 있다고 믿는다."[37]

이러한 아나키즘과 맥을 같이 하는 함석헌은 폭력이란 다름 아닌 자기만 옳다는 생각, 자기만 살자는 것이라 말한다. 타자성 혹은 타자에 대한 인식이 결여된 인간은 같이 삶, 더불어 삶이라는 유기체적 삶과 상호부조라는 삶의 근간을 뒤흔들게 된다. 폭력과 반대로 평화는 개인으로, 공동체로 존재하더라도 자유를 존중하면서 모든 존재는 유기적이면서 하나의 생명이라고 인식하고 행동할 때 가능한 것이다.

게다가 생명은 전체로서의 생명이고 서로가 전체를 위해서 봉사하는 존재가 되어야 한다. 이에 폭력을 극복하는 길은 오직 같

함석헌은 평화적 공존만이 살 길이라고 주장한다. 같이 삶, 그것은 가능태가 아니라 현실태여야 한다. 그가 힘주어 말하듯이, "같이 삶만이 삶이다." 공존과 생존은 떼려야 뗄 수 없는 관계다. 평화적 생존은 단순히 생물학적 현상이나 자연적 현상만이 아니다. 평화적 생존은 인류가 생존하려는 의지, 자유로운 의지를 통해서 이루려고 하는 시급한 사안으로서의 "윤리적 행동"이다. 그러므로 전쟁은 모든 존재가 망하자고 하는 것이요 반드시 사라지지 않으면 안 되는 것이다.

이살기운동으로서의 평화운동이며 그것은 연대의식, 공동체의식, 무차별주의에서 비롯된다고 보았다. 개별 민중인 씨올이 어떻게 서로 잘 사는가 하는 것이 평화요, 씨올이 평화의 담지자요 평화의 원천이라는 측면에서 이것이 현실이 되어야 한다. 함석헌은 예수가 바로 이것을 깨우쳐 주었다고 주장한다.[38]

특히 이러한 예수의 평화사상에서 기원한 함석헌의 비폭력주의는 아나키즘과 많이 닮았다고 볼 수 있다. 그는 국가주의에 반대하고 폭력을 합리화하는 군사화와 정부지상주의에 강하게 반대하였기 때문이다. 정치의 최종 목표는 권력을 장악하고 그것을 유지하기 위해서 폭력 집단의 실체인 군대 병력을 양성함으로써 군사주의로 귀결된다. 또한 정부는 그의 폭력이 미치는 영역만큼 그 판도를 확장하려고 한다. 그리고 그 판도의 경계를 합리화하기 위해서 국가라는 것을 만드는 것이다. 더욱이 국가는 폭력으로 얻은 전리품을 지키기 위해서 국경을 확정하고 타자가 국경을 넘보지 못하도록 전쟁을 불사하는 악순환을 계속한다. 이런 의미에서 국가는 애초에 폭력을 바탕으로 한다.[39]

이러한 근거 하에서 김삼웅은 함석헌을 평가할 때 그가 아나키스트로서의 성격을 갖고 있다고 주장한다. "함석헌은 누구인가? 첫째, 아나키스트다. 세계평화주의와 자연론적 사회관, 개인의 자주성을 부르짖고 부당한 권위에 저항한 아나키스트다. 일본인 게무야마 센타로(煙山專太郎)가 의도적으로 오역한 무정부주의자가 아니라 크로포트킨에 의해 체계화된 반봉건·반전제·반강권주의, 개인의 자율과 자치를 존중하는 아나키스트다."[40] 또한 "함석헌의 자아상. 아니 씨올, 이단자, 아나키스트, 아웃사이더, 유목민, 풍류가의 진정한 모습이다."[41] 안병무도 "그의 평화사상은 반정치, 반폭력, 반국가로 이어졌다. 그는 한 번도 그런 용어를 쓰지 않았으나 결국 무정부주의(Anarchism)에 도달했다. 이것은 정부란 도덕성이 없고 폭력에 뿌리를 박고 있다고 단정한 것과 직결된다"[42]고 주저하지 않고 말한다.

함석헌은 평화적 공존만이 살 길이라고 주장한다. 같이 삶, 그것은 가능태가 아니라 현실태여야 한다. 그가 힘주어 말하듯이, "같이 삶만이 삶이다." 공존과 생존은 떼려야 뗄 수 없는 관계다. 평화적 생존은 단순히 생물학적 현상이나 자연적 현상만이 아니다. 평화적 생존은 인류가 생존하려는 의지, 자유로운 의지를 통해서 이루려고 하는 시급한 사안으로서의 "윤리적 행동"이다. 그러므로 전쟁은 모든 존재가 망하자고 하는 것이요 반드시 사라지지 않으면 안 되는 것이다. 전쟁을 없애고 평화적 공생과 공존을 하기 위해서는 큰 인격을 갖춘 국가 도덕이 필요하다. 물론 국가가 도덕적인 존재가 아닌 것은 분명하다. 그렇게 전쟁을 하려고 하는 것은 국가와 국가 사이의 신뢰가 두텁지 못하고 오히려 끊임없는 경쟁을 하려고 하기 때문이다.[43]

지금까지의 국가는 무력국가였다. 그것을 나타내는 것이 바로 나라 국(國)인데, 이는 입구[口, 사람], 하나 일[一, 땅], 창과[戈, 무기] 세 요소를 국경을 표시하는 경계선[口]으로 두른 것이다. 그러므로 국가는 강제적인 통일 기관이다. 함석헌은 전쟁이 나라를 만들고 군주를 만들었다고 말한다. 동시에 민중이 원하지도 않는데 지배자가 강제로 전쟁을 일으키기도 한다. 하지만 오늘날은 대립이나 원수지간이 아니라 상생과 상존을 통해서 살아야 한다는 것을 깨우치는 시대가 되었다. 이것은 일찌감치 생물이 생존 경쟁을 통해서 진화하는 것이 아니라 서로 도우면서 살아간다는 것을 일깨워 주었다. 이것을 크로포트킨은 상호부조론에서 서로 협조를 해야만 생명의 목적을 성취할 수 있다고 명시적으로 말하지 않은가. 여기에서 우리는 함석헌이 아나키즘의 사상적 영향을 받았다는 것을 알 수 있다. 그러므로 이것을 부단히 밀고 나갈 수 있는 정신, '다시 정신'이 요구된다. 정신은 배척이나 혐오나 대립이 아니라 무한히 주고 받는 관계에서 성숙되는 것이다. 정신은 평화적 나눔과 증여, 상호호혜를 통해서 확장되며 그

것을 근본으로 한다는 것을 말해준다.[44]

그런데 그러기 위해서는 세계 정신 혹은 민중의 정신을 통한 세계정부, 세계연방을 수립하는 것이 필요하다. 하지만 이것은 강제성을 수반하는 무조건의 보편성 지향을 말하는 것은 아니다. 이러한 공동체는 민중의 평화정신과 평화사상이 더 성숙되지 않으면 불가능하다는 것을 염두에 두어야 한다. 함석헌은 여기에서 전쟁의 현실성에 주목하면서 전쟁 현상이 발생하는 동기가 바로 식량 문제와 인구 문제인데, 이것을 해결하는 것은 과학과 종교가 서로 연대함으로써 가능하다고 믿는다. 과학이 인류의 식량 문제를 해결하고, 종교는 과학과 대척점에 서 있는 것이 아니라 종파적 관념과 광신적이고 맹신적인 신앙 태도를 벗어나서 더 넓고 깊은 시야를 가지고 노력할 때 인류를 포용적인 관점에서 바라볼 수 있다는 것이다. 그동안 종교가 인류에 대해서 편견과 당파심을 가지고서 바라보던 것을 과학적 이성을 통해서 극복했다는 것이 함석헌의 생각이다. 그러므로 과학적 이성과 종교는 세계의 하나 됨과 평화를 위해서 순기능을 충분히 할 수 있는 도구가 될 것이라는 전망이다. 왜냐하면 과학적 인식과 종교적 통찰 덕분에 우주와 인간의 근본적인 이치가 꿰뚫어지는 때가 나타날 것이기 때문이다. 그것이 바로 인간이 마음속에 염

원하는 평화인 것이다. 함석헌은 이를 현실화할 수 있는 '새 종교'를 주창한다. "새 과학이라는 이 시대의 말을 잘 부려타고 정말 천마공행(天馬空行)의 형세로 새 우주적인 활동을 할 수 있게 하는 새 종교 말이다."[45]

　함석헌은 1968년 9~10월에 민중과 국가, 그리고 전쟁의 관계를 재조명하면서, 우선 정부와 나라가 동일한 것이 아님을 분명히 한다. 게다가 전쟁은 없어야 할 것, 없어져야 할 것이라고 주장하는데, 이는 민중이 전쟁을 싫어하기 때문이다. 따라서 전쟁의 원흉이 되는 국가주의에 대한 강한 반감을 나타내면서 이를 완강하게 거부해야 한다고 본다. 특히 전쟁이 일어나는 배경에는 교육이나 학습을 통해서 이루어지는 민족감정이 문제가 된다는 것을 지적한다. 그에 따라서 민중은 민족이 다르다고 해서 타자를 적대감을 가지고 대하면 안 되며 서로 더불어 살기, 같이 살기라는 인간성에 토대를 두는 삶의 민중, 곧 협화(協和)하는 민중이 되어야 한다고 언명한다. 지금까지 이렇게 되지 않은 까닭은 민중 자체가 결단해 오지 못해서 폭력과 전쟁의 문제가 발생한 것이다. 그러므로 이제부터라도 남의 생각으로서의 정치, 남의 사상으로서의 종교인 지배의식으로 사는 것이 아니라 민중의 '자기 생각'으로 살아가도록 해야 한다. 그래야만 평화의 세계로

서의 민중의 세계를 구현해 나갈 수 있을 것이다.[46]

평화의 욕망은 누구의 것인가? 이 물음은 라캉의 문제의식인 자아의 욕망은 곧 타자의 욕망이라는 것과 통한다. 평화는 대타자(Autre)가 되어서는 안 된다. 다시 말해서 평화는 타자의 욕망이 아니라 주체적인 욕망의 실현을 위한 심리적·행동적 장치여야 한다. 지젝(S. Zizek)은 "이 때문에 대타자는 어떤 단일한 대행자로 인격화될 수 있는 것이다. 내 뒤에서 항상 나를 지켜보고 있는 '신'이나, 내게 명령하며 내 인생을 바치도록 만드는 실제의 개인이나 대의(Cause, 자유, 공산주의, 민족) 같은 것"[47]이라고 말한다. 이것은 달리 종교와 흡사한(religionlike) 이데올로기와 같은 성격을 지닐 수 있을 뿐만 아니라 충분히 오도될 가능성도 있다.[48]

유아의 거울 단계에서 제일 먼저 대타자로서의 표상이 되는 사람이 바로 어머니이다. 그런데 이 어머니는 바로 초자아를 형성시키는 데 지대한 영향력을 행사하는 존재이다. 라캉에 의하면 초자아는 "주체의 원초적 경험에서 가장 파괴적이면서 가장 매혹적인 부분과 동일시되어 버리는 것"[49]이다. 자기 생각으로서의 평화, 비-폭력이 아니라 대타자의 욕망에 의해서 인식되고 만들어진 것은 결국 또 하나의 폭력을 불러올 수 있기 때문이다.

평-화의 호명도 마찬가지다. 평화의 호명과 결핍, 호명 이전의 관계와 호명 이후의 관계는 다르다. 호명은 대상 의존적 관계를 나타낸다. 호명은 가능성이다. 현실과 실재적인 관계를 맺는 것은 아닐지라도 상상적, 상징적 질서 안에서 어떤 가능성을 발견하게 된다. 호명함으로써 자기 세계를 구축하게 된다. 평화를 호명하는 순간 우리는 그것을 통해 자신의 현실을 인식할 뿐만 아니라 수많은 언어를 확장하여 그 평화를 정착시키고자 하는 의지를 갖게 된다.[50] 더불어 평화는 그것 이외에 다른 어떤 목적도 갖지 않는 놀이와도 같다. 이 목적 없는 활동으로서의 놀이는 인간의 지성의 권력을 중지시킨다. 놀이는 지성·이성의 계급적 권력을 해체시키고 주체와 대상 간의 지배와 차이를 거부하고 자유와 평등을 표현하고자 하는 데 있다.[51]

이처럼 평화는 그것 자체가 목적이며 궁극적으로 인간의 자유와 평등을 기초로 한다. 평화가 또 하나의 수단으로 전락하는 순간 평화는 이데올로기가 되는 것이고 대타자가 되어 인간의 삶을 인위적이고 작위적으로 바꾸려고 할 것이다. 하지만 평화가 그 자체로서의 놀이와 같은 성격을 띤다면 개별자의 영역과 공간 안에서 동등한 소리를 낼 수 있을 뿐만 아니라 주인과 노예의 관계에서 빚어지는 지배를 넘어서는 평화의 형이상학을 실재화할 수 있을 것이다.

평화를 호명의 분할이나 대타자의 감성의 분할로 재분배하면서 타자와 균등한 몫[平]과 정당한 몫을 나누며 어울리는[和] 삶과 정치, 곧 협화[크로포트킨식의 상호부조]의 철학을 구상할 수는 없는 것일까. 평화를 (정치)미학적 측면에서 접근할 수 있는 가능성을 열어 놓은 사람이 프랑스 철학자이자 미학자인 자크 랑시에르(J. Ranciere)이다. 그는 정치적 감성의 분할과 정치미학의 상관성에 대해서 이렇게 말한다.

"정치는 실제로 권력의 행사와 권력을 위한 투쟁이 아니다. 그것은 특수한 공간의 구성이고, 경험의 특수한 영역의 분할이며, 공동으로 놓여 있고 공동의 결정에 속하는 대상들의, 이 대상들을 지칭하고 그것들에 대해 주장할 수 있다고 인정된 주체들의 특수한 영역의 분할이다. 정치는 시간을 '갖지 못한' 사람들이 공동 공간의 거주자로 자리 잡기에 필요한 시간을 가질 때, 자신들의 입이 고통을 표시하는 목소리뿐만 아니라 공동의 것을 발화하는 말을 내보낸다는 것을 증명하기 위해 필요한 시간을 가질 때 발생한다. 자리와 신분의 이러한 배분과 재배분은, 공간과 시간의, 보이는 것과 보이지 않는 것의, 소리와 말의 이러한 절단과 재절단은 내가 감성의 분할이라고 부르는 것을 구성한다. 정치는 공동체의 공동의 것을 규정하는 감성의 분할을 재구성하는 일을 하며, 새로운 주체와 대상들을 공동체에 끌어들이고 보이지 않던 것을 보이게 만들고 시끄러운 동물들로만 지각됐던 사람들의 말을 들리게 하는 일을 한다. 대립을 창조하는 이러한 작업은 정치의 미학을 구성한다."[52]

평화가 정착되기 위해서는 삶의 공동의 장 혹은 정치의 장에서 시민 혹은 민중의 목소리들이 발언될 수 있는 감성적인 배분, 분할이 선행되어야 한다. 평화가 한낱 구호나 호명으로 그치지 않기 위해서는 지배자와 피지배자의 경험의 영역 안에서의 감성의 몫과 분할이 이루어져야 한다. 그것은 결국 말을 할 뿐만 아니라 말이 들리게 하는 일이다. 정치와 평화가 공동의 방향을 추구한다고 볼 수 있는 이유가 여기에 있다.

주체와 대상이 동일한 장 혹은 각기 특수한 공간의 장 안에서 주이상스를 동등하게 향유할 수 있어야 평화가 시작되는 것은 물론이거니와 존속 여부도 결정이 된다. 남과 북, 북과 남, 지구적으로 보아서 동북아의 평화의 정착이 요원한 것도 주체와 대상의 관계도 모호하거니와 설령 주체와 대상이 확정이 되었다고 하더라도 잉여의 감성의 몫을 편중되게 분할함으로써 주이상스의 불균형을 낳고 있기 때문이다. 평화를 미학적 측면에서 분석, 접근하는 것도 소리라고 하는 청각의 감각적 차원이 적절하게 분할이 되지 않으면 심각한 폭력으로 발전될 수 있다는 반증인 셈이다.

이러한 평-화와 비-폭력의 정치미학적 차원을 인권의 몫의 관점에서도 고찰해볼 수 있다. 근현대사에서 대두된 인권이라는 문제는 비단 어떤 특수한 권리를 지칭하는 것만은 아니었다. 랑시에르는 "인권은 새로운 민족전쟁들의 희생자인 사람들의 권리, 자신들의 파괴된 집에서 쫓겨난 개인들, 강간당한 여자들이나 살해당한 남자들의 권리가 됐으며, 또한 권리를 행사하는 상태에서 벗어나 있던 사람들의 특수한 권리가 됐다"고 보았다. 하지만 그들이 인권을 가지려면 적어도 벌거벗은 상태로서의 인권, 인간으로서의 인권을 누릴 수 없었다. 그들은 인간이 아니라 시민이 되어야 했다. 시민은 인간을 비인간과 구분시키는 잣대였던 것이다. 타자의 법에 의해서 통제되어야 하는 비인간은 시민이 아니었다. 비인간 취급을 받는 그들은 동일성과 배제 사이에서 희생양이 될 수밖에 없었던 존재들이었고 존재론적, 인식

론적 지위조차도 가질 수 없었던 존재였다.[53]

마찬가지로 20세기 한국 근현대사에서도 동일한 균등화, 동일성, 배제라는 재앙의 함수를 설정했던 당시 함석헌을 인권과 평화론적 측면에서 중요한 사례로 거론할 필요가 있다고 본다. 그는 인간의 존재론적 · 인식론적 지위를 부여 받지 못한 여직공에 대한 인권과 권리에 대해서 말을 아끼지 않았다. 함석헌은 평화의 감성적 분할을 위해서 여성 노동자의 인권에 대한 관심을 가지고 있었던 것이다. 그들은 제대로 된 의식주의 기본적인 복지도 누리지 못하는 데다가 실질적인 연봉도 받지 못하는 열악한 환경에 있었다. 그런 상황적 인식과 인권을 빼앗긴 여직공의 실존에 대하여 타자의 인권을 유린하는 행위에 대해서 자신의 인권이 소중한 만큼 타자의 인권도 소중하다는 생각, 그래서 그 인권을 지키기 위해서 전쟁보다 더 과격한 싸움, 곧 훈련이 필요하다고 역설하였다.[54]

인권에 대한 훈련이 안 되어 있다는 것은 인권에 대한 교양적 지식, 정보, 습관이 형성되지 않았다고 볼 수 있는데, 자칫 훈련이 되지 않은 인간이 자신의 인권을 위해서 폭력을 행사하는 극단적인 행동을 할 수 있다는 것을 경계한다. 물론 인간의 인권의 근거는 예수가 주장한 것처럼, 모두가 초월자(하나님)의 자녀요다 영이라는 논리에 토대를 둔다. 따라서 인권을 위한 투쟁 방식 또한 예수의 길, 곧 예수의 비폭력으로부터 나와야 한다. 함석헌은 그런 입장에서 예수가 정치적 혁명가라는 시각에 반대한다. 더 나아가서 민주주의라는 대의를 위해서도 결코 폭력은 용납할 수 없는 것이다. 예수가 말한 소금과 빛의 역할을 하면서 화해, 평화를 위한 존재가 되어야 하는 것은 물론이거니와 반드시 목적을 위해서 수단을 정당화하는 폭력의 투쟁은 있어서도 안 된다. 오직 참과 사랑의 비폭력만으로 인권과 민주주의를 실현하기 위해서 노력해야 한다.[55]

5. 폭력이라는 언어와 실재에 대한 저항을 넘어
   협화의 정신을 향하여

주디스 버틀러는 "우리는 언어의 힘에 저항하고자 할 때조차
언어의 힘을 행사하게 된다"고 말한 바 있다. 폭력이라는 말, 심
지어 최근에 회자되고 있는 혐오라고 하는 말조차도 언어의 힘
에 의해서 압도당하고 만다. 폭력이라는 말만 들어도 우리는 트
라우마를 경험하게 된다. 온갖 개인적, 사회적, 국가적, 자본주
의적, 정치적 트라우마를 안고 살아간다. 경험 이전에 이미 폭력
이라는 말을 듣게 되면 몸과 의식이 경직되는 것은 언어의 힘 때
문이다. 동일한 지평에서 버틀러는 언어에 상처를 입힐 수 있는
권력이 귀속된다는 것을 확언한다.[56]

여기서 그 언어의 힘, 언어에 귀속된 권력으로부터 벗어나기
위한 또 다른 언어철학적 장치가 필요하다. 버틀러는 그것을 오
스틴(J. L. Austin)의 언어철학에서 끄집어 들인다. "오스틴은 '발
언내적'(illocutionary) 언어 행위와 '발언효과적'(perlocutionary) 언

어 행위를 구별한다. 발언내 행위는 말하는 순간에 말하는 것을 행하는 언어 행위이다. 발언효과 행위는 어떤 효과들을 자신의 결과로 생산하는 언어 행위이다. 즉 무언가를 말함으로써, 어떤 효과가 따라 나오는 것이다. 그러나 발언내적 언어 행위는 그 자체로 자신이 야기하는 행동이지만, 발언효과적 언어 행위는 그 언어 행위 자체와는 같지 않은 어떤 효과들로 단지 이어질 뿐이다."[57] 다음의 문장이 더 중요하다. "발언내적 언어 행위는 발언의 순간에 행동을 수행하기는 한다. … 의례 내에서의 그 '순간'은 압축된 역사성을 지닌다. 다시 말해서 그 순간은 과거와 미래의 방향으로 스스로를 넘어서는, 말의 사건을 구성하고 이를 벗어나는 인용의 효과인 것이다."[58] 발언내적 언어 행위에 의하면 폭력(비폭력) 혹은 폭력적(비폭력적) 발언은 행동이 수반되거나 행동을 하도록 추동한다. 언어가 억압하기도 하고 해방을 가져올 수 있다는 것을 방증하는 것이다.

아나키스트적 언어학자 촘스키(N. Chomsky) 역시 인간의 언어 사용에 주목한다. 인간은 자율적인 행동을 선택할 수 있고 거부할 수도 있다. 정치인들과 지식인들이 민중의 자유를 감추기 위해서 궤변을 늘어놓는 경우가 있는데, 그럴수록 민중은 창조적 방식으로 언어를 사용함으로써 인간 특유의 생각과 착상의 자유를 발견할 수 있어야 하며 동시에 의식의 각성을 가져와야 한다는 것이다. 왜냐하면 아나키스트는 어떤 개인과 사회로부터도 제약받지 않고 자유롭게 활동할 수 있는 여건을 만들어 가야 하기 때문이다.[59] 비폭력이나 폭력 혹은 저항이라는 언어를 사용한다는 것은 그만큼 민중이 깨어 있고 또 자유로운 삶을 살고 싶다는 의지의 표현이다. 버틀러가 오스틴의 언어철학을 인용하면서 주장한 논변도 그와 다르지 않다. 발언을 하는 순간 행동을 하는 것이다. 미래를 향해서, 그리고 현재의 폭력적 상황에 대해서 넘어서려는 의지를 나타내는 것이라고 볼 수 있다.

이와 함께 평화를 정착시키기 위해서는 민중의 감각의 공동성을 확보해야 한다. 평화의 감성, 공통성, 공동체적 감각을 공유하기 위해서는 이성적인 소통과 합의를 통해서 평화에는 형이상학적 가치가 있다는 것을 인식해야 한다.[60] 칸트는 인간에게 개별적인 보편성의 합의와 의사소통을 가능하게 하는 선천적 인식 능력인 공통감 혹은 공동체적 감각(sensus communis)이 있음을 확신하였다. 함석헌도 예수의 비폭력을 설명하면서 비폭력의 근저에는 바로 '양심'이 있음을 적시했다. 양심은 하나다. 양심은 인종을 초월하며 언어의 장벽을 넘어서서 너의 양심, 나의 양심이 따로 없는 비폭력의 촉발제요 매개체이다.[61] 따라서 이 양심은 비폭력의 감성과 비폭력의 윤리 공동체를 가능하게 만드는 보편적 알속이요 능력이다. 또한 양심은 비폭력의 감성을 분할하며 공유하게 하는 인간 정신 기저에 깔린 선험적 장치이다.

하지만 역사 안에 나타난 예수의 인격을 통한 비폭력은 미완성이다. 아니 예수의 인격은 그렇기 때문에 영원히 자라나야 한다. 역사적 예수를 넘어서 예수의 인격은 폭력을 사용했는지 사용하지 않았는지 그런 차원에서는 이해할 수가 없다. 다만 그는 아버지 하나님의 뜻대로 한 인격이다.[62] 그런 의미에서 향후 평화의 정신은 예수의 인격을 드러내는 비폭력에 기반을 두어야 할 것이다. 이에 대해 유석성은 예수의 비폭력을 자유의 비폭력이자 적대감을 극복하는 비폭력이라고 주장하면서 "예수의 비폭력 정신은 간디에게로, 간디의 비폭력 정신은 함석헌에게로 계승된다"고 보았다. 그뿐만 아니라 "예수·간디·함석헌의 비폭력사상은 비폭력무저항이 아니라 다같이 비폭력저항이다"라고 규정한다.[63]

비폭력무저항과 비폭력저항은 분명히 다르다. 비폭력저항은 적대감과 폭력을 놓아 버리는 대신에 자유를 향한 적극적인 저항이라는 의미가 담겨 있기 때문이다. 마찬가지로 우리가 일반적으로 알고 있는 비폭력이라는 것은 무폭력과는 다르다는 것을 알아야 한다. 다시 말해서 비폭력의 반대는 폭력이 아니다. 폭력은 과격과 과능(過能)과 비진리이지만, 오히려 무폭력은 비겁과 무능(無能)과 진리라는 의미와 일맥상통한다. 폭력은 모든 사태에 있어 원칙의 후퇴이지만, 비폭력은 원칙이다. 따라서 우리가 반드시 알아야 할 것은 "비폭력이란 모름지기 폭력을 사용할 수 없는 약자의 무기가 아니라 충분히 폭력을 사용할 수 있음에도 불구하고 비폭력을 사용하는 강자의 무기"이다.[64]

김삼웅은 시종일관 비폭력의 언어와 감성을 실천적으로 펼쳐 왔던 함석헌을 평화주의자라고 평가하면서 이렇게 말한다. "그의 모든 탐구, 실천, 도전, 저항의 궁극적 목표는 평화에 있었다. 국가주의와 국수적 민족주의를 거부하고, 제국주의와 공산주의를 거부하고, 일체의 권위주의를 배격했다. 칼을 녹여 보습을 만들어야 한다는 고전적 평화정신으로 현대의 '무장된 평화체제'를 반대했다."[65] 평화의 언어, 비폭력의 언어, 저항이라는 언어를 발언한다는 것이 실제의 폭력에 대한 강한 부정일 수 있는지는 의문이다. 하지만 언어가 곧 행위라는 측면에서 볼 때 언어가 행위를 수반한 발화 행위라고 말할 수 있겠다. 함석헌은 실제로 국가주의나 군사주의, 정부지상주의 등에서 강력한 저항운동을 펼쳤던 언행일치의 인물이었음을 부인하기 어려울 것 같다.

이러한 비폭력 저항운동을 펼쳤음에도 불구하고 민중운동이나 인권운동 차원의 전개는 무력하기 짝이 없었다. 물론 함석헌의 철학과 사상을 언어로는 알아들었으나 실천력이 부족하였던 것이 사실이다. 함석헌의 비폭력 저항운동은 결국 구호로만 그치고 정치경제적 혼란과 종교문화적, 교육, 통일 등에 대한 혼란한 시국에도 단지 '사랑의 폭력'이니 '방어적 폭력'이 하면서 폭력을 정당화하는 해석을 내놓기가 일쑤였다. 따라서 앞으로 함석헌의 비폭력평화주의 사상을 당대의 문제와 관련하여 일부분만 수용하거나 왜곡, 호도하는 소극적이며 비겁한 해석학에서, 적극적인 운동으로 재해석하는 노력을 전개해야만 할 것이다.[66]

비록 간디와 같은 상징적 정치 행위, 곧 비폭력 저항운동으로서 물레질이나 소금행진을 한 것은 아니었으나, 함석헌은 단식을 비폭력적인 정치적 압박의 수단으로 이용하였다. 이에 박홍규가 지적한 것처럼, 오늘날 함석헌의 사상을 미화할 것은 아니지만, 적어도 간디나 함석헌의 비폭력주의와 평화주의를 단순히 사상으로만 받아들이는 것이 아니라 상징적 평화운동으로 재구성하여 구조적인 폭력에 대한 의식과 행동을 변화시킬 수 있는 가능성을 모색해야 할 것이다. 더불어 간디의 비폭력주의를 계승한 함석헌의 평화주의를 단지 시민 저항운동으로만 볼 것이 아니라 시대가 요구하는 문제에 대응하는 좀더 능동적인 '전략적 수단'이었다는 관점으로 이해하는 접근이 필요하다.[67] 그 비폭력의 전략적 수단들이 장애자, 성적 소수자, 외국인 노동자, 여성, 어린이 등의 사회적 약자이자 개별 민중으로서의 씨올을 배려하고 하나의 생명, 서로가 연결되어 있는 전체로서의 인간을 어떻게 배려해야 하는가에 대한 인간으로서의 인권 조건을 형성하는 데 기여해야 할 것이다.[68]

또한 통일과 관련해서는 함석헌의 비폭력주의의 의미를 좀더 현실적으로 구체화하고 정책적으로 이끌어 낼 수 있는 의지가 있어야 한다. 이를테면 남한의 폭력적 통일 방안(흡수통일이나 남한의 체제나 사상 우월성을 앞세운 통일)에서 화해와 협력에 근거를 두면서 서로 갈등과 긴장을 완화하여 전쟁의 가능성을 낮추는 이른바 '한반도 비폭력통일론'이라 할 수 있는 '연방제 통일론'이나 '중립화 통일론'에 대한 논의도 적극적으로 검토해야 한다. 그러나 그 무엇보다도 함석헌은 이러한 모든 일을 전개해 나가기 위한 정신력, 혼의 힘, 민중의 정신이 우선되어야 한다고 강조한다.[69]

모름지기 함석헌의 평화론은 절대명령, 곧 정언명령과도 같다. 그것은 당위와 의무이다.[70] 더욱이 "함석헌의 신앙 · 철학 ·

평화 · 비폭력 · 인권 · 역사 · 저항 · 교육 · 언론 · 시 · 예술 · 아나키즘과 이것의 통섭은 한 세기 우리 민족을 상징하고도 남는다."[71] 그런 측면에서 단연코 "함석헌과 간디는 우리에게 소박한 자율의 삶이 우리가 나아갈 삶이라는 믿음을 준다. 지금 우리를 둘러싸고 있는 세계나 국가, 사회나 제도가 그러한 믿음을 갖지 말라고 강요하는 대세의 분위기이기 때문에 더욱 그렇다. 그럴수록 우리는 더욱 더 그들의 생각과 삶을 모범 삼아 외롭게 걸어가야 한다."[72]

그러기 위해서는 함석헌의 교회관의 확장, 즉 화(和)의 사상적, 철학적 정착이 절실히 요구된다. 앞에서 필자가 말한 폭력의 무화 혹은 비-폭력은 결국 감성적 아름다움인 평화의 화로서의 타자를 동일화하려고 하는 욕망을 제어하고, 그렇다고 적당하게 절충하고 혼합하려는 것이 아니라 일치하되 상호 조화를 이루는 세계를 이루도록 노력해야 한다.[73] 함석헌에게 있어 이와 같은 화(和)는 평화와 동일한 개념으로서 알파와 오메가로 보았으며, 황보윤식은 폭력을 휘두르는 국가를 근본악으로 규정하고 이를 극복하기 위해서, 함석헌은 하나 됨, 즉 획일성과 통제성에 바탕을 둔 전체주의가 아니라 타자와 공존하는 전체주의 혹은 세계주의를 표방했다고 주장한다.[74] 결국 화의 사상 혹은 협화(協和)

의 철학을 통한 일치나 상호조화는 서로 다르지만 하나가 아름다움을 드러내는 하모니와 같은 것으로서 더불어 삶이라는 함석헌의 연장선상에 있다고 해야 할 것이다.

마지막으로 함석헌의 비폭력주의는 우리 한국사회의 경쟁 중심의 성과사회를 향해서, 생존경쟁이야말로 삶의 전쟁으로 치달을 수밖에 없다는 냉혹한 현실을 적시하고 있다고 생각한다. 한병철이 신랄하게 풀어 밝히는 것처럼 오늘날의 성과사회는 자기착취를 하면서 우울증에 빠지고 병리적인 인간으로 전락할 가능성을 내포하고 있다. 따라서 서로 더불어 살기, 협화하는 정신을 통해서 서로 돕고 격려하는 사회를 만드는 그런 비폭력적인 사회, 비폭력적인 윤리 공동체를 구체화해야 할 때가 아닌가 싶다.

그런 의미에서 비폭력적 저항운동으로서의 아나키즘은 anarcho-individualist가 되었든, 아니면 anarcho-communist나 anarcho-syndicalist가 되었든 삶의 자유와 자율성을 지배하는 모든 체제와 지배, 심지어 국가에 대한 저항과 반성이 절실하게 요구된다고 본다. 그것이 곧 함석헌이 말하고 있는 '자기 생각', '자기 정신'으로 살아가는 길일 것이다.

나오는 말

상보적(相補的) 주체성과
상부적(相扶的) 주체성

평화라는 개념은 있는데 왜 평화의 상태는 존재하지 않는 것일까? 평화는 인식 주체와 대상으로 나눌 수 있는 말이 아니다. 더욱이 평화는 마주-서 있는(gegen-stand) 대립의 개념이거나 사물성이 아니다. 오히려 평화는 서로 향하여-서 있는 상태를 일컫는 상부(相扶), 상보(相補)여야 한다. 공교롭게도 '서로 상(相)'이 공통으로 개념 자체의 정체성을 나타낸다는 것은 흥미로운 일이다. 이렇게 서로 향하여-서 있는 상태, 그리고 그와 같은 존재는 사유(denken)에서 시작한다. 언어, 종교, 역사, 환경, 비폭력, 협화 등의 다양한 개념들은 사유를 통한 전체, 총체적 생각을 지향한다. 그것도 전체로서 생각함에 있다.

함석헌은 우리나라 사람들이 "생각하는 힘이 모자라고, 사색이 없고, 현상 뒤에 실재를 붙잡으려고 하지 않고, 무상 밑에 영원을 찾으려고 하지 않는다"고 비판했다. 그뿐만 아니라 '잡다 사이에 하나의 뜻을 얻으려고 들이파지도 않고 시 없이, 철학 없이 사는 국민, (우리에게서 나온; 필자 첨가) 종교 없이 끌려 다니는 민중'이라고 한탄했다. 반드시 전체를 생각한다고 해서 평화가 구현된다고 하는 낙관론을 들먹이는 것이 아니다. 하지만 평화는 인식에서 출발을 한다. 적어도 마주서 있는 존재, 즉 타자에 대한 사유에서 비롯된다는 것은 분명하다. 생각도 철학도 없이 사색도 안 하는 사람들이라면 평화라는 개념조차도 표상하기가 어려운 것이 사실이다.

평화가 적어도 인간적인 삶의 규범이나 절대적인 타당성이라도 되려면 서로 돕고, 서로 의지하고, 서로 보완·보충하기 위한 서로성·상호성에 대한 정초가 선행되어야 한다. 상호성에 대한 상상력이 없이는 함석헌이 말한 같이살기운동은 허상에 불과하다. 듣기 좋은 말, 하기 좋은 말이라는 공통적 이해는 공통적 생활세계가 되어야 한다는 의지로 나아가야 한다. 그래서 종래의 언어에 대한 재인식, 국가 공동체에 대한 비판적 해석, 종교 이데올로기의 병리 비판, 환경 범주의 생명적 인식, 역사적 삶에 대한 재평가, 비폭력의 성찰적 이해가 필요한 것이다.

포스트(post)는 많은 생각을 요청한다. 포스트를 어떻게 규정하느냐에 따라서 삶의 해석이나 방향성이 달라지기 때문이다. 그러나 무엇보다도 중요한 것은 포스트는 항상 현재를 깊이 반성하는 데서 싹튼다는 점이다. 현재라는 공시적 지평 안에서 더불어 사는 모든 존재자들의 생명과 삶이 평화롭지 못하다는 인식은 새로운 삶의 지평을 이상적으로 꿈꾸게 한다. 포스트는 민중에 의한 평화가 되어야 한다. 포스트는 새로운 포스트로 나아가야 하는데, 그 포스트를 규정하고 운동으로 전개하는 몫, 그리고 그 추동력은 민중에게서 나와야 평화로울 수 있다. 함석헌은 이에 대해 다음과 같이 말한다. "민중은 완전한 자기 희생의 사랑과 참을 보기 전에는 부서지지 않으나, 천만년이 들어서라도 그것을 보여만주면 자기도 부서져 자기 희생을 한다. 그것이 사람이다. 민중 운동을 하기 위하여 성인이 되기를 기다릴 필요가 없다. … 민중 운동은 민중 자신이 한다. 민중으로 더불어 움직이는 것이 민중 운동이다." 세계의 민중은 상보적 주체성, 보완적 주체성을 가진 존재자들이다. 그 존재자들이 새로운 평화를 가져오게 될 것이다. 지배자에 의해서 계도되는 민중이 아닌, 민중이 주체가 되는 세상이 될 때 지배 없이 모두가 서로를 평등하고 평화로운 관계 속에서 바라볼 수 있다.

그러기 위해서 우리가 사용하는 언어는 결코 지배적인 언어가 되면 안 된다. 종교 또한 민중의 의식을 지배하려고 해서는 안 된다. 다만 자신조차도 성찰적 종교여야 한다. 성찰적 종교는 자기 비판적 종교이다. 그것이 가능하기 위해서는 신에 대한 감성조차도 공통의 감각 속에서 보편적 주체성의 진리에 열어 놓을 수 있는 용기가 필요하다. 자신의 종교만큼이나 타자의 종교도 주체적 정당성이나 타당성을 원하기 때문이다. 국가나 민족에 대해서도 권력과 폭력을 넘어서 개별 민중의 합리적 판단에 의한 구성원의 협력과 보완, 상호의존으로 개별 의지를 표현할 수 있도록 해주어야 한다.

역사는 보편적이면서 동시에 특수하다. 주체의 시간성과 타자의 시간성에 대한 상호 이해는 어떤 주체의 시간도 공동의 생활세계로서의 타자의 시간을 배제하는 일이 없게 할 것이다. 그래서 역사가나 역사 학습자는 보편적 인간의 삶의 구조나 의식의 구조의 총합으로 나타나는 것이라는 인식하에 서술의 보편타당성을 인정해야 한다. 자연의 세계도 생활세계의 영역과 중첩되어 있다.

그러므로 상호부조나 상존적 관계, 그리고 상보적 삶은 필연적일 수밖에 없다. 자연을 생명의 보편성에서 제외시킨다면 지구의 평화는 깨지게 되고, 자연마저도 인간의 식민지로 전락한다면 결국 인간과 인간 사이의 폭력은 물론이거니와 생활세계 전반의 폭력으로 되돌아 올 것이다. 따라서 함석헌이 말하는 비폭력적인 협화주의는 누구이 강조해도 지나치지 않다. 폭력적인 경험이 아닌 평화의 경험은 서로 평화를 위해서 협력하고 조화를 이루는 관계를 통해서 인간의 가장 근본적인 경험으로 자리를 잡을 수 있도록 해야 한다.

인간은 미성숙하기 때문에 탈언어주의, 탈국가주의, 탈종교주의, 탈인종주의, 탈폭력주의를 자신과의 분리라고 생각하고 두려워할 것이다. 이에 대해 과감한 사유의 전환, 사유와 행동의 혁명을 죄책으로 간주하지 않는 용기와 결단이 절실하게 요청된다. 파리대학 철학과 교수 피에르 부르딜(Pierre Y. Bourdil)은 "철학이라는 말은 비밀의 반대말일 것이다. 철학은 혼자 간직하는 것이 아니라 만나는 모든 이들을 위해 무언가를 하는 것이기 때문이다. 전령과 같다. '깨어나라'는 말은 아침마다 새로운 의미를 띠게 될 것이다"라고 말한다.

또한 다음의 이야기도 우리에게 통찰력을 안겨준다. "혁명이 애초에 무엇을 원했는지 잊어버리면 폭력이 되지. 상상을 통해 준비해 둔 것이 없으니 현실에게 덜미를 잡히는 거야. 그래서 아무 짓이나 닥치는 대로 하게 돼. 앞날을 꿈꾸는 법을 익히지 못했으니 다 죽이고 때려 부수지."

혁명은 상상력에서 시작된다는 것, 상상력을 통해서 아직-아닌-지금으로 이끄는 것이 아니면, 앞으로의 도약은 불가능하다. 그것은 평화의 철학적 담론이든 종교적 담론이든 잠자고 있는 이들을 깨우는 계몽과도 같다. 이것은 미완의 계몽을 여전히 지금의 현실에서 완성해야 하는 과제를 부여 받은 당대의 현존재가 평화로운 혁명, 삶의 혁명을 가능하게 하는 평화의 상상력을 가져야 하는 당위성이기도 하다.

지금까지의 평화는 '공존'이라는 개념에 집중되어 있었다. 공존은 정치적 개념으로서 경쟁의 종식을 의미한다. 또한 공존은 다양성과 통일성의 조화로서 복수성이라는 전제를 용인하는 데서 출발한다. 수많은 공동체와 집단이 존재하면서 상호 이익을 위해 충돌할 때에 개별 공동체의 독특성과 독립성을 인정하고 동시에 자신의 목적을 공동의 목적으로 확장하고 합의할 수 있는 이 관계적 개념은 좋은 지향성을 가지고 있다.

더 나아가 이제 우리는 세계의 평화, 그리고 국가 간의 평화, 자연과의 평화, 종교 간의 평화, 종차 간의 평화, 성별 간의 평화 등 여러 평화를 성취하기 위해서 상존적, 상보적, 상부적 평화로 나아가야 한다. 그것을 함석헌의 개념으로 말한다면 '협화주의적 평화'이다. 협화는 학습된 의식이나 의지가 아니라 자기 생각, 자기 사상을 가지고 사는 삶이며, 절대적 자유를 통한 같이살기 운동과 다르지 않다. 협화주의의 근본 토대는 민중으로서의 씨올의 주체적인 생각이다.

자칫 함께, 더불어라고 하는 공동체성을 강조하면서, 개별자의 사유와 자유를 축소해야 한다는 논리를 주장하곤 한다. 하지만 그 공동체도 자유로운 주체와 주체의 결합을 전제하지 않으면 안 된다. 그래서 씨올과 씨올이 만나서 세계시민으로서의 주체들이 되고 협의와 자발적인 의지로서 하나의 상생적 몸생명체, 더불어 자유로운 삶을 위한 나의 삶, 더불어 자유로운 생각에 대한(위에) 나의 생각으로 '몸생명체정치론'(somatocratism)을 펼쳐야 한다.

상보적·상부적 주체성은 같이 살기 위해서 서로 보완하고 서로 돕는 자유로운 존재를 지향한다. 몸생명체정치는 살아 있는 몸으로서, 생명으로서의 몸이 각 기능별로 서로 돕고 보완하는 것처럼 하나이면서 여럿이요 여럿이면서 하나인 주체성이 협력하면서 평화로운 관계를 모색하는 것이다. 함석헌에 의하면 '한 개 한 개의 생명은 다 우주적 큰 생명'이기 때문이다. 평화는 생활세계가 단수성이 아니라 복수성에 토대를 두고 있다는 것을 인정할 때 표상되고 구현될 수 있는 것이다. 이 복수성은 신체성을 기반으로 하지 않는다. 유럽의 초기 정치질서는 신체성에서 출발했다. 하지만 신체성에 매몰된 언어, 국가, 종교, 역사는 영토성, 속지주의를 벗어나지 못한다.

이로 인해 경계, 배타, 배제, 차별에서 폭력, 죽임, 전쟁 등이 발생한다. 단순히 살(sarx)이 아니라 몸(soma)으로 인식하는 보편적 주체성, 상부적 주체성은 모든 것을 연결한다. 현실적인 자기 욕망이 아닌 상호감각에 의해서 서로 결핍된 것들을 공통으로 구체화시키려는 그곳에서 사물성의 대상적 의식이 무너지고 평화가 정착될 것이다. 평화야말로 어느 특정한 국가나 인종에게만 해당되는 것이 아니라, 인류 공통의 생활세계에서 가장 중요한 가치로서 그것을 세계가 감각적으로 느낀다는 것을 깨닫게 된다면 말이다. 평화는 그래서 세계시민적 주체성의 절대 자유를 위한 객관적 규범이요 생활형식인 것이다.

"아무것도 생각을 대신할 수 없다. 우리가 생각하지 않는다면, 우리는 자유롭게 행동할 수 없다. 우리가 자유롭게 행동하지 않으면, 우리는 결코 이해하지 못하는 힘, 우리와 우리의 세상에게 독선적이고 파괴적이며, 맹목적이고 치명적인 힘에 좌우된다." - 토머스 머튼

"평화의 길은 진리의 길이다. 진실은 평화보다 훨씬 더 중요하다. 실로 거짓말을 하는 것은 폭력의 근원이다. 진실한 사람은

오래도록 폭력적일 수 없다. 그는 진리를 추구하는 중에 자신이 폭력적일 필요가 없다는 것을 알아차릴 것이고, 또한 자신에게 조금이라도 폭력의 흔적이 있는 한, 찾고 있는 진리를 찾지 못하리라는 것을 깨닫게 될 것이다." - 마하트마 간디

왜 평화는 아나키여야만 할까?

우리는 종래의 교육을 통해서 인간은 사회적 존재(animal sociale; zoon politikon)라고 배워 왔다. 그러면서 사회적 관계를 벗어나서는 도저히 삶을 영위할 수 없다고 단정 짓고, 필요 이상의 공동체 조직과 그 확장을 끊임없이 이루어 왔다. 국가주의, 민족주의, 종족주의, 종파주의, 지역주의, 가족주의 등 온갖 공동체성을 상징하는 현실적인 개념들이 난무하는 것도 그런 차원에서 이해할 수가 있다. 하지만 지금은 개별적 인간의 자유는 더 구속받고 공동체의 위압은 더 강화되고 있는 실정이다. 마치 공동체 안에 있어야 자신의 자유가 보장되고 평화를 약속받을 수 있는 것처럼 인식하도록 강요하고 있다.

공동체 의식이 강화되면 될수록 정체성과 병존하는 힘을 갖게 마련이다. 공동체와 정체성은 동일한 지평에서 권력이 되고, 그 지평의 범주에 들지 못하는 인간은 여전히 배제의 대상과 배타적 존재가 되고 만다. 자아가 타자를, 그리고 공동체 인식을 공유한 사람이 그렇지 못한 사람을 달리 인식하고 대우하는 데에서 평화라고 하는 균형과 조화는 깨지게 마련이다. 설령 공동체 안에서 타자를 환대하자는 목소리가 흘러나온다고 하더라도 그 체제나 집단을 통일시키려고 하는 지배자 계급은 다른 피지배자 계급을 다시 억압하며 공동체 바깥의 이방인에 대해서는 인정하지 않으려는 태도를 취하게 될 것이다. 개인과 개인, 공동체와 공동체 사이에서 결국 생존경쟁을 통한 좀더 많은 자본과 삶의 우위를 독점하기 위해서라도 말이다. 혹자는 인간이 그렇게 이기적인 동물은 아니다, 공동체성을 추구하는 사회적 동물이기 때문에 충분히 이타적일 수 있고 상생적일 수 있다고 말할지도 모른다. 필자 역시도 인간을 완전히 부정적으로 바라보지 않는다. 하지만 현실에서 맞닥뜨리는 공동체의 모습은 매우 이기적으로 나타나기 때문에 그러는 것이다.

국경의 경계가 마음의 경계보다도 더 강하고, 영토의 이익이 보편적인 생명적 인간의 이익보다 더 우선한다는 점에서 작게는 국내의 거대/미시적인 평화와 한반도의 평화, 크게는 세계의 평화가 요원해 보이는 것이다. 따라서 국가나 민족, 혹은 종파와 가족이기주의를 넘어서려면 개별적 인간의 절대 자유라고 하는 것에 초점을 맞추어야 한다. 물론 모든 존재자들의 이익을 고려한다면 어떻게 각각의 개인들의 욕망을 다 조율할 수 있겠느냐고 반문할 수도 있을 것이다. 그런데 그럴수록 국가권력의 도구적 이성과 민족적 허상의 상상력으로 빚어진 공동체적 합의보다는 오히려 개별적 인간 이성의 성숙과 희망에 기대어 서로 의사소통하고 합의하면서 개인의 자유와 삶을 존중하는 것이 더 중요하다.

국가의 공적 폭력이 근대 국가의 출현 이후에 어떻게 자행되어 왔는가에 대해서 사회학자 김동춘은 매우 비판적으로 잘 분석해 주고 있다. 그는 함석헌의 "나라는 주먹으로 다스리는 것이 아니라 이치로 다스린다. 이치가 힘이다"라는 말을 인용하면서 국가 폭력과 사회계약의 관계를 심도 있게 논한다. 그러면서 그는 베버(M. Weber)와 레닌(W. Lenin)이 지적한 것처럼, "모든 국가는 폭력기구를 구비하고 있다"는 점에 주목한다. 그로 인한 국가의 공적 폭력은 대외적 폭력인 전쟁뿐만 아니라 공공의 이름으로 이루어지는 강제적 징세(徵稅), 자국민의 보호와 국가 안보를 내세워 자행되는 통제, 체포, 심문, 협박 등이 정당화된다. 아무리 중립적인 법질서에 의해서 국가가 운영이 된다고 하더라도 이념의 진영 논리와 대결로 치닫게 되면, 사회를 보호한다는 명분하에 투옥, 감금, 폭행, 죽임 등을 불사한다. 그뿐만 아니라 국가 간의 폭력은 피지배 국가의 저항을 제압하기 위해서 살해, 인력의 강제징발, 성노예화를 통해 비일비재하게 일어난다. 이와 같은 공적 폭력은 특히 정치와 자본주의적 경제 질서, 다시 말해서 금전의 논리와 폭력의 논리가 합치되는 지점의 약육강식의 논리에서 더 극명하게 드러난다.

이렇듯 공동체 이성 혹은 국가 이성은 때로는 무규범적이고 폭압적 · 폭력적이기도 하다. 게다가 일부 소수의 무리들을 위한 이익을 대변하는 경우가 많이 있다. 그러다 보면 공동체 전체의 이익을 위한 국가 · 민족이기보다는 특정 계급에게만 한정된 편파적인 목소리만 들리게 된다. 여기에서 경쟁과 폭력, 분노와 살인, 혐오와 전쟁 등의 부정적인 관계들이 증폭되는 것이다. 그래서 함석헌은 민족주의나 국가주의를 넘어서자고 하는 것이고, 크로포트킨은 생존경쟁이 아니라 상호지원, 상호부조를 외치는 것이다. 그들에 의하면, 평화는 구획과 경계가 아니라 지원과 보완과 부조에 있다. 이에 크로포트킨은 다음과 같이 말한다. "경쟁하지 말라! 경쟁은 항상 그 종에 치명적이고 경쟁을 피할 수 있는 방법은 매우 많다! 이 말이야말로 항상 완전하게 실현되지는 않지만 자연에 항상 존재하는 경향이다. 이 말은 관목이나 숲, 강, 바다에서 우리에게 전해오는 슬로건이다. 그러므로 결합해서 상호부조를 실현하라! 이것이야말로 각자 그리고 모두가 최대한의 안전을 확보하고 육체적으로, 지적으로 그리고 도덕적으로 살아가고 진보하는 데 제일 든든하게 받쳐주는 가장 확실한 수단이다."

굳이 언어적, 역사적, 국가적, 종교적, 생태적 경쟁과 투쟁이 아니더라도 얼마든지 상호부조를 통해서 개인이 살고 집단이 생존할 수 있다. 그럼에도 불구하고 체제나 조직은 늘 공동체라고 하는 모호한 형식을 만들어 개인에게 폭력을 행사하려고 한다. 이제부터라도 개별적 인간은 자신의 자유로운 정신, 자율성을 위해서 개인주의, 좀더 정확하게는 개인의 자유를 억압하려는 국가주의, 종파주의, 민족주의, 종차별주의, 가족주의, 성차별주의 등에 대해서 비폭력적 저항을 해야 할 것이다. 독자들이 오해하지 말아야 할 것은, 함석헌이 민족주의나 국가주의를 비판한다고 해서 그를 마치 체제 전복적인 인물이라고 속단하지 말아야 한다. 우리는 간혹 그럴 경우 바로 이념적으로 문제가 있는 사람으로 매도한다. 이념이 어디 하나밖에 없던가? 섣부른 판단이다. 이념의 다양성도 고려해야 하고 이념이란 이상ideal을 위해 내달리는 좌표와도 같다는 점도 생각해야 한다.

함석헌은 인간의 본질인 자유--이때 자유는 인간 자기 자신에게서 스스로 말미암는 것, 이것은 외부적인 것이 결코 아니다--를 억압하는 제도를 바꾸려는 혁명 정신은 폭력이 아니라 정신과 혼으로 분노하고 저항하는 데 있다고 역설한다. 함석헌은 설파한다. "저항! 얼마나 좋은 말인가? 모든 말이 다 늙어 버려 노망을 하다가 죽게 된다 해도, 아마 이 저항이라는 말만은 새파랗게 살아나고 또 살아나 영원히 젊은이로 남을 것이다." 더불어 함석헌은 "자유야말로 생명의 근본 바탈이다"라고 말한다. 개인의 자유가 확보되지 않으면 죽은 목숨이다. 개인의 절대 자유는 생명의 진화적 속성이다. 그러므로 자유를 갈망하는 생명을 억압하고 지배하려는 모든 제도와 체제는 반평화적일 수밖에 없다. 그런 의미에서 인간이 스스로 완전한 자유를 성취하는 날이 바로 평화가 실현되는 것이 아닐까.

1 Friedrich W. Nietzsche, 정동호 옮김, 『차라투스트라는 이렇게 말했다』(서울: 책세상, 2004), 77쪽.

2 Terry Eagleton, 서정은 옮김, 『성스러운 테러』(서울: 생각의나무, 2007), 109쪽; Jacques Ranciere, 주형일 옮김, 『미학 안의 불편함』(서울: 인간사랑, 2008), 177쪽.

3 함석헌, 『함석헌전집7-간디의 참모습: 간디자서전』(서울: 한길사, 1984), 9쪽.

4 사실 간디의 비폭력주의는 톨스토이로부터 영감을 얻었고, 함석헌에게 영향을 끼쳤던 우찌무라 간조도 톨스토이의 관련성을 빼놓고는 논할 수 없다. 따라서 간디나 함석헌의 비폭력주의 평화론은 톨스토이로부터 연원한다고 봐야 하고, 그런 의미에서 그 상관성에 대한 연구는 차후에라도 다루어져야 마땅하다. 박홍규, 『함석헌과 간디』(서울: 들녘, 2015), 129-130쪽.

5 함석헌, 『함석헌전집2-인간혁명의 철학』(서울: 한길사, 1983), 48-49쪽.

6 최근에 '3·1운동'은 '왕'이 지배하는 나라에서 '민중'이 나라의 주인이 되는 민주사회[主權在民]를 지향했다는 점에서 '3·1혁명'으로 봐야 한다는 주장이 제기되었다. 윤경로, 「평화와 연합운동으로서의 '3·1혁명'」, 한국종교연합, 『종교와 공동체문화』, 제86차 평화포럼(2016년 10월 25일), 9-21쪽.

7 김삼웅, 『저항인 함석헌 평전』(서울: 현암사, 2013), 306-307쪽; 박홍규, 위의 책, 165쪽, 390쪽.

8 위의 책, 380쪽.

9 Raghavan Iyer 편, 허우성 옮김, 마하뜨마 간디의 도덕·정치사상 권2, 『진리와 비폭력(하)』(서울: 소명출판, 2004), 283쪽.

10 Mahatma Gandhi, 최혁순 엮음, 『모든 인간은 한 형제』(서울: 을지출판사, 1983), 153-154쪽.

11 위의 책, 151쪽, 172-173쪽.

12 이재봉, "함석헌의 비폭력사상과 한반도의 비폭력통일", 함석헌학회 기획, 『생각과 실천2』(파주: 한길사, 2012), 198쪽.

13 함석헌, 『함석헌전집2-인간혁명의 철학』, 49쪽.

14 위의 책, 34쪽.

15 위의 책, 34쪽.

16 위의 책, 40쪽.

17 Judith Butler, 양효실 옮김, 『지상에서 함께 산다는 것』(서울: 시대의창, 2016), 115쪽.

18 함석헌, 『함석헌전집2-인간혁명의 철학』, 40-41쪽.

19 S. Zizek, 박정수 옮김, 『How to read 라캉』(서울: 웅진지식하우스, 2007), 60-61쪽.

20 한병철, 김태환 옮김, 『피로사회』(서울: 문학과지성사, 2012), 17-21쪽.

21 박노자, "저신뢰 사회, 대한민국", 《한겨레신문》, 2016. 10. 5. 25면.

22 함석헌, 『함석헌전집2-인간혁명의 철학』, 40쪽.

23 위의 책, 41쪽.

24 이찬수, "자연의 타자화, 인간의 사물화, 그리고 '세월호'", 김성철 편, 『재난과 평화』(서울: 아카넷, 2015), 60-61쪽.

25 함석헌, 『함석헌전집3-한국기독교는 무엇을 하려는가』(서울: 한길사, 1983), 168쪽, 323쪽. 함석헌은 "최고의 사치가 전쟁이다"는 말을 하면서 기업, 곧 자본이 사치품을 만들어서 판매를 하고 있다고 비판한다. 기업이 그 사치품을 통해서 유지하기 위해서 전쟁을 한다는 것이다. 그렇게 "사치 향락을 위한 대규모의 공장조직의 기업을 하면서 평화는 어렵다"고 보았다. 자본의 폭력성을 지적하고 있는 것이다.

26 위의 책, 152-155쪽.

27 강영계, 『니체와 정신분석학』(서울: 서광사, 2003), 322-323쪽; S. Freud, Gesammelte Werke 16, Ffm, 1978, 19쪽.

28 니시타니 게이이치(西谷啓治), 정병조 옮김, 『종교란 무엇인가』(서울: 대원정사, 1993), 380-381쪽.

29 함석헌, 『함석헌전집3-한국기독교는 무엇을 하려는가』, 163-166쪽, 174쪽.

30 위의 책, 319-320쪽.

31 안병무, "비폭력 저항운동과 평화사상", 함석헌기념사업회 편, 『민족의 큰 사상가 함석헌 선생』(파주: 한길사, 2001), 387-395쪽; 정대현, 『한국 현대철학』(서울: 이화여자대학교출판문화원, 2016), 59쪽; 함석헌, 『함석헌전집2-인간혁명의 철학』, 42-43쪽.

32 Michael Taylor, 송재우 옮김, 『공동체, 아나키, 자유』(서울: 이학사,

2006), 13-16쪽.

33 하승수, 『아나키즘』(서울: 책세상, 2008), 26쪽.

34 Daniel Guerin, 김홍옥 옮김, 『아나키즘』(서울: 여름언덕, 2015), 45쪽;
    Peter Kropotkin, 백용식 옮김, 『아나키즘』(청주: 충북대학교출판부,
    2009), 41쪽.

35 James C. Scott, 김훈 옮김, 『우리는 모두 아나키스트다』(서울: 여름언덕,
    2014), 40-49쪽; 하승수, 『아나키즘』, 16-17쪽.

36 Peter Kropotkin, 백용식 옮김, 『아나키즘』, 53쪽, 69쪽.

37 하승수, 『아나키즘』, 19쪽.

38 함석헌, 『함석헌전집3-한국기독교는 무엇을 하려는가』, 322-323쪽;
    유석성, "함석헌의 평화사상-예수·간디·함석헌의 비폭력저항", 씨올
    사상연구소 편, 『생각하는 백성이라야 산다』(서울: 나녹, 2010), 442-
    445쪽.

39 유석성, "함석헌의 평화사상-예수·간디·함석헌의 비폭력저항", 443쪽;
    안병무, "비폭력 저항운동과 평화사상", 389쪽.

40 김삼웅, 『저항인 함석헌 평전』, 380쪽.

41 위의 책, 388쪽.

42 안병무, "비폭력 저항운동과 평화사상", 409쪽.

43 함석헌, 『함석헌전집11-두려워 말고 외치라』(서울: 한길사, 1984), 370-
    371쪽.

44 위의 책, 366-377쪽.

45 위의 책, 378-379쪽. 이에 대한 자세한 논의는 황보윤식, "함석헌의
    세계평화운동에 대한 역사인식론적 검토", 함석헌학회 기획, 『생각과
    실천2』(파주: 한길사, 2012)를 참조할 것.

46 함석헌, 『함석헌전집19-영원의 뱃길』(서울: 한길사, 1985), 366-369쪽;
    함석헌, 『함석헌전집2-인간혁명의 철학』, 43-49쪽.

47 S. Zizek, 박정수 옮김, 『How to read 라캉』, 20쪽.

48 Timothy Fitzgerald, *The Ideology of Religious Studies*(New York,
    Oxford: Oxford University Press, 2000), p.56.

49 J. Lacan, 맹정현 옮김, 『자크 라캉 세미나 1권-프로이트의 기술론』(서울:
    새물결 출판사, 2016), 188쪽.

50 위의 책, 152-158쪽.

51 Jacques Ranciere, 주형일 옮김, 『미학 안의 불편함』, 62-65쪽.

52 위의 책, 54-55쪽.

53 위의 책, 182-185쪽.

54 함석헌, 『함석헌전집3-한국기독교는 무엇을 하려는가』, 325-328쪽.

55 위의 책.

56 Judith Butler, 유민석 옮김, 『혐오 발언』(서울: 알렙, 2016), 11쪽.

57 위의 책.

58 위의 책.

59 N. Chomsky, 이정아 옮김, 『촘스키의 아나키즘』(서울: 해토, 2007), 25-50쪽.

60 최신한, 『헤겔철학과 형이상학의 미래』(서울: 서광사, 2015), 324-336쪽.

61 함석헌, 『함석헌전집3-한국기독교는 무엇을 하려는가』, 324쪽.

62 위의 책, 327쪽.

63 유석성, "함석헌의 평화사상-예수 · 간디 · 함석헌의 비폭력저항", 452-462쪽 참조.

64 황필호, "비폭력은 폭력의 반대가 아니다", 『씨올의 소리』, 통권 166호 (2002년 5 · 6월호), 29-30쪽.

65 김삼웅, 『저항인 함석헌 평전』, 381쪽.

66 박홍규, 『함석헌과 간디』, 152-153쪽.

67 위의 책, 295-296쪽, 303-304쪽.

68 정대현, 『한국현대철학』, 63쪽.

69 이재봉, "함석헌의 비폭력사상과 한반도의 비폭력통일", 함석헌학회 기획, 『생각과 실천2』(파주: 한길사, 2012), 206-218쪽; 함석헌, 『함석헌 전집2-인간혁명의 철학』, 45쪽.

70 유석성, "함석헌의 평화사상-예수 · 간디 · 함석헌의 비폭력저항", 440-441쪽.

71 김삼웅, 『저항인 함석헌 평전』, 393쪽.

72 박홍규, 『함석헌과 간디』, 307쪽.

73 함석헌, 『함석헌전집3-한국기독교는 무엇을 하려는가』, 18쪽; 최인식, "함석헌의 교회관", 『씨올의 소리』, 통권 163호(2001년 11 · 12월호), 73-87쪽.

74 황보윤식, "함석헌의 세계평화운동에 대한 역사인식론적 검토", 237쪽, 270쪽.

참고문헌

강영계, 니체와 정신분석학, 서광사, 2003.

김동춘, 근대의 그늘, 도서출판 당대, 2000.

김삼웅, 저항인 함석헌 평전, 현암사, 2013.

박홍규, 함석헌과 간디, 들녘, 2015.

안병무, "비폭력 저항운동과 평화사상", 함석헌기념사업회 편, 민족의 큰
　　사상가 함석헌 선생, 한길사, 2001.

유석성, "함석헌의 평화사상-예수 · 간디 · 함석헌의 비폭력저항", 씨올사상
　　연구소 편, 생각하는 백성이라야 산다, 나녹, 2010.

이재봉, "함석헌의 비폭력사상과 한반도의 비폭력통일", 함석헌학회 기획,
　　생각과 실천2, 한길사, 2012.

이찬수, "자연의 타자와, 인간의 사물화, 그리고 '세월호'", 김성철 편, 재난과
　　평화, 아카넷, 2015.

정대현, 한국현대철학, 이화여자대학교출판문화원, 2016.

최신한, 헤겔철학과 형이상학의 미래, 서광사, 2015.

하승수, 아나키즘, 책세상, 2008.

한면희, 초록문명론, 동녘, 2004.

한병철, 김태환 옮김, 피로사회, 문학과지성사, 2012.

함석헌, 함석헌전집1, 뜻으로 본 한국역사, 한길사, 1990.

함석헌, 함석헌전집2, 인간혁명의 철학, 한길사, 1983.

함석헌, 함석헌전집3, 한국기독교는 무엇을 하려는가, 한길사, 1983.

함석헌, 함석헌전집4, 죽을 때까지 이 걸음으로, 한길사, 1984.

함석헌, 함석헌전집5, 서풍의 노래, 한길사, 1984.

함석헌, 함석헌전집7, 간디의 참모습: 간디자서전, 한길사, 1984.

함석헌, 함석헌전집11, 두려워말고 외치라, 한길사, 1984.

함석헌, 함석헌전집19, 영원의 뱃길, 한길사, 1985.

함석헌 외, 현대의 선과 퀘이커 신앙, 삼민사, 1985.

황보윤식, "함석헌의 세계평화운동에 대한 역사인식론적 검토", 함석헌학회
　　기획, 생각과 실천2, 한길사, 2012.

Albert Schweitzer, 안인길 옮김, 문화와 윤리, 삼성출판사, 1987.

Carolin Emcke, 정지인 옮김, 혐오사회, 다산북스, 2017.

Daniel Guerin, 김홍옥 옮김, 아나키즘, 여름언덕, 2015.

Ernst Cassirer, 최명관 옮김, 인간이란 무엇인가, 훈복문화사, 1969.

Friedrich W. Nietzsche, 정동호 옮김, 차라투스트라는 이렇게 말했다, 책세상, 2004.

Howard Zinn, 이아정 옮김, 오만한 제국, 당대, 2001.

J. Lacan, 맹정현 옮김, 자크 라캉 세미나 1권-프로이트의 기술론, 새물결출판사, 2016.

Jacques Ranciere, 주형일 옮김, 미학 안의 불편함, 인간사랑, 2008.

Judith Butler, 양효실 옮김, 지상에서 함께 산다는 것, 시대의창, 2016.

Judith Butler, 유민석 옮김, 혐오 발언, 알렙, 2016.

Mahatma Gandhi, 최혁순 엮음, 모든 인간은 한 형제, 을지출판사, 1983.

Michael Taylor, 송재우 옮김, 공동체, 아나키, 자유, 이학사, 2006.

Martin Heidegger, 박휘근 옮김, 형이상학 입문, 문예출판사, 1994.

Michel Foucault, 오트르망 심세광·전혜리 옮김, 비판이란 무엇인가?/ 자기수양, 동녘, 2016.

N. Chomsky, 이정아 옮김, 촘스키의 아나키즘, 해토, 2007.

Niklas Luhmann, 서영조 옮김, 생태적 커뮤니케이션, 에코리브르, 2014.

Niklas Luhmann, 윤재왕 옮김, 체계이론입문, 새물결, 2014.

Peter Kropotkin, 김영범 옮김, 만물은 서로 돕는다: 크로포트킨의 상호부조론, 르네상스, 2005.

Peter Kropotkin, 백용식 옮김, 아나키즘, 충북대학교출판부, 2009.

Pierre Y. Bourdil, 이주희 옮김, 아주 철학적인 하루, 담푸스, 2011.

Raghavan Iyer, 허우성 옮김, 마하뜨마 간디의 도덕·정치사상 권2, 진리와 비폭력(하), 소명출판, 2004.

S. Zizek, 박정 옮김, How to read 라캉, 웅진지식하우스, 2007.

Terry Eagleton, 서정은 옮김, 성스러운 테러, 생각의나무, 2007.

Theodor W. Adorno, 김주연 옮김, 아도르노의 문학이론, 민음사, 1985.

Thomas Merton, 오무수 옮김, 명상이란 무엇인가, 가톨릭출판사, 1993.

Timothy Fitzgerald, *The Ideology of Religious Studies*, New York, Oxford: Oxford University Press, 2000.

Sigmud Freud, *Gesammelte Werke 16*, Ffm., 1978.

戶田 淸(토다 키요시), 김원식 옮김, 환경학과 평화학, 녹색평론사, 2003.

谷貞志(타니 타다시), 권서용 옮김, 무상의 철학, 산지니, 2008.

김성주, 이규석, "그리스도교, 국가, 그리고 아나키즘: 절재 자유의 사상에 대한 고찰", 한국정치외교사논총, Vol. 32, No. 2, 2011.

김종철, "세월호 1년, 자본주의국가와 민주주의", 녹색평론, 2015년 5-6월, 제142호.

박노자, "저신뢰 사회, 대한민국", 한겨레신문, 2016. 10. 5. 25면.

윤경로, "평화와 연합운동으로서의 '3 · 1혁명'", 한국종교연합, 종교와 공동체문화, 제86차 평화포럼(2016년 10월 25일).

최인식, "함석헌의 교회관", 씨올의 소리, 통권 163호(2001년 11 · 12월호), 황필호, "비폭력은 폭력의 반대가 아니다", 씨올의 소리, 통권 166호 (2002년 5/6월호).

찾아보기

서울대학교 통일평화연구원 평화교실 총서 06

함석헌의 평화론

등록 1994.7.1 제1-1071
1쇄 발행 2018년 7월 20일

지은이 김대식
펴낸이 박길수
편집인 소경희
편 집 조영준
관 리 위현정
디자인 이주향
펴낸곳 도서출판 모시는사람들
        110-775 서울시 종로구 삼일대로 457(경운동 수운회관) 1207호
전 화 02-735-7173, 02-737-7173 / 팩스 02-730-7173
홈페이지 http://www.mosinsaram.com/

인 쇄 천일문화사(031-955-8100)
배 본 문화유통북스(031-937-6100)

값은 뒤표지에 있습니다.
ISBN 979-11-88765-21-8 94300
세트 979-11-86502-45-7 94300

* 잘못된 책은 바꿔 드립니다.
* 이 책의 전부 또는 일부 내용을 재사용하려면 사전에 저작권자와 도서출판 모시
는사람들의 동의를 받아야 합니다.

이 도서의 국립중앙도서관 출판예정도서목록(CIP)은 서지정보유통지원시스템 홈
페이지(http://seoji.nl.go.kr)와 국가자료공동목록시스템(http://www.nl.go.kr/
kolisnet)에서 이용하실 수 있습니다.(CIP제어번호: CIP2018018901)

이 저서는 2010년 정부(교육과학기술부)의 재원으로 한국연구재단의 지원을 받아
수행된 연구임.(NRF-2010-361-A00017)